城市轨道交通线网规划

ENGSHI GUIDAO JIAOTONG XIANWANG GUIHUA

——基于客流强度特征和换乘组织的实证研究

—JIYU KELIU QIANGDU TEZHENG HE HUANCHENG ZUZHI DE SHIZHENG YANJIU

钱堃 著

東北林業大學出版社
Northeast Forestry University Press
· 哈尔滨 ·

图书在版编目（CIP）数据

城市轨道交通线网规划：基于客流强度特征和换乘组织的实证研究／钱堃著．—哈尔滨：东北林业大学出版社，2016.12（2025.4重印）

ISBN 978－7－5674－0978－1

Ⅰ．①城… Ⅱ．①钱… Ⅲ．①城市铁路—轨道交通—交通规划—研究—中国 Ⅳ．①U239.5

中国版本图书馆 CIP 数据核字（2017）第 015619 号

责任编辑：赵　侠　刘天杰
封面设计：宗彦辉
出版发行：东北林业大学出版社
（哈尔滨市香坊区哈平六道街 6 号　邮编：150040）
印　　装：三河市天润建兴印务有限公司
开　　本：710 mm × 1 000 mm　1/16
印　　张：11.75
字　　数：160 千字
版　　次：2017 年 9 月第 1 版
印　　次：2025 年 4 月第 3 次印刷
定　　价：49.90 元

前　言

我国部分城市轨道交通系统已逐步进入网络化运营阶段，城市中心区部分运营线路的客流负荷接近运输能力的极限，而郊区部分线路客流成长相对缓慢，远低于预期。研究不同类型线路的客流强度规律对于指导我国城市轨道交通规划建设和运营组织方案制定有着重要的意义。此外，网络化运营对轨道交通换乘效率与便捷性的要求更高，研究城市轨道交通换乘组织方案并提出优化方法对于提高我国城市轨道交通服务水平和吸引力意义重大。

本书在分析城市轨道交通客流强度影响因素的基础上，研究不同类型线路的客流强度特征规律。首先，基于对城市轨道交通换乘过程的分析，研究换乘时间效率对城市轨道交通吸引力及乘客路径选择行为影响的重要性；其次，从轨道交通线网规划和车站设计两个层面对城市轨道交通换乘组织进行系统研究；最后，分析城市轨道交通在对外交通枢纽集疏运体系中的竞争力，从换乘效率改善和票价调整角度研究提高城市轨道交通竞争力的效果。主要研究内容和结论如下。

第一，分析了城市轨道交通网络和线路的客流强度特征规律。在论述城市轨道交通客流强度基本内涵的基础上，分析了客流强度的影响因素并提出各因素重要度水平计算方法。分析结果表明，换乘站比例、人口规模和线网密度对网络客流强度影响显著，换乘便捷性指数和核心区比例对线路客流强度影响显著。剖析了不同线路客流强度的特征规律，指出不同类型线路在空间分布上具有明显不均衡性，全线位于中心城区的线路客流强度最高，跨越外围区—核心区—外围区的市区直径线次之，跨越外围区一核心区的市区半径线客流强度较低，郊区线的客流强度最低。

第二，研究了换乘效率改善对城市轨道交通吸引力和乘客行为的影响。构建了城市轨道交通在城市公共交通体系中的竞争力模型。模型分析表明城市轨道交通的吸引力随着换乘效率的改善而增加，且换乘步行时间及环境对城市轨道交通网络吸引力有很大的影响。基于不同换乘效率下乘客对换乘时间的感知差异，建立了考虑换乘效率的路径广义费用模型，研究了换乘效率对乘客路径选择行为的影响。分析表明，考虑换乘效率的路径广义费用模型更能刻画乘客的选择行为，计算结果更接近真实情况。

第三，从轨道交通线网规划层面出发，研究了不同线网形态下的换乘便捷性和出行时间效率。分析了线网换乘便捷性的内涵，提出了便捷性评价指标的计算方法，并研究了不同线网形态下的换乘便捷性。结果表明，相同线网规模下，换乘便捷性指数从大到小的线网形态依次是放射＋环线型、网格＋环线型、放射型、网格型。假设居民出行在空间上分布均匀，研究了不同线网形态下的出行时间效率。结果表明，出行效率从高到低依次为放射＋环线型、放射型、网格＋环线型、网格型。

第四，研究了不同换乘方式下的换乘时间变化规律，对两线换乘和三线换乘情形下典型换乘方式的换乘时间进行了分析。研究发现，两线换乘站中“一”字形布置形式的平均换乘时间比“T”形大；三线换乘站中三角形布置形式的平均换乘时间最大，“大”字形次之，“一”字形最小。结合典型城市的轨道交通网络和换乘枢纽设计方案，对不同线网形态和换乘方式对换乘便捷性和换乘效率的影响进行了实证分析。

第五，研究了城市轨道交通在对外交通枢纽的竞争力。通过对枢纽集疏运体系中不同交通方式的特点比较，提出了城市轨道交通在机场枢纽和铁路枢纽中的竞争力模型，并根据调查数据对模型相关参数进行了标定。结合典型机场和铁路车站进行了城市轨道交通运营组织优化的案例研究，从换乘改善和票价调整的角度研究了提高城市轨道交通竞争力的措施及效果。

本书是在北京交通大学城市交通复杂系统理论与技术教育部重点实验室、人民交通出版社股份有限公司的支持下完成的。研究过程中得到了国家基础研究计划项目“大城市综合交通系统的基础理论与实证研究”（2012CB725406）和国家自然科学基金重点项目“区域综合交通系统运行管理及建模方法”（71131001）的资助，得到了北京交通大学毛保华教授、孙全欣教授的悉心指导，得到了北京交通大学城市轨道交通系柏赟副教授、李明高博士、戒亚萍博士、唐继孟博士、陈垚博士的热心帮助，得到了人民交通出版社股份有限公司各位领导和同事的关怀和鼓励。作者在此谨表衷心感谢。

目　　录

1 绪 论

1.1 引 言

我国城市化与机动化水平不断攀升，为社会经济发展带来了契机，也引发了交通拥堵和空气质量下降等城市问题。2013 年，全国城市化水平达到 53.7%，汽车保有量达到 1.37 亿辆，汽车占全部机动车比率达到 54.9%，比 10 年前提高了 29.9%。全国有 31 个城市的汽车数量超过 100 万辆，其中北京、上海、广州、天津、成都、深圳、苏州、杭州 8 个城市汽车数量超过 200 万辆，北京市汽车超过 500 万辆。城市轨道交通作为提升城市交通运行效率和实现节能减排的重要方式，是构建高品质交通运输系统和落实公交优先战略的关键环节，在国民经济和社会发展中的作用日益明显。

我国第一条城市轨道交通线路北京地铁一期工程 1965 年 7 月 1 日动工。不过，在 2000 年之前，我国大陆地区仅有北京、天津、上海、广州拥有城市轨道交通运营线路。进入 21 世纪之后，随着国家经济发展水平的提高和城市化进程的加快，我国城市轨道交通进入快速发展时期，建设速度显著加快。据中国城市轨道交通协会统计，到

2013 年年底，我国内地已有 19 个城市开通了 87 条（包括上海磁浮线及成都市域快轨成灌线）城市轨道交通线路，运营总里程达到2 539 km；其中上海、北京的网络规模超过 400 km，广州超过 200 km，深圳、重庆、天津、成都、沈阳超过 100 km（表 1－1）[1]。

表 1－1　2013 年年底我国城市轨道交通运营里程及运量水平

城市名称	运营里程/km	客运量/(亿人次/年)	城市名称	运营里程/km	客运量/(亿人次/年)
北京	465.0	32.1	武汉	72.7	2.2
上海	577.3	25.0	苏州	51.3	0.4
广州	246.4	19.9	长春	48.3	0.5
深圳	178.3	9.1	杭州	48.0	1.2
重庆	169.9	3.1	西安	45.9	0.5
天津	138.8	2.4	昆明	40.1	0.1
成都	115.2	2.4	郑州	26.2	n. a.
沈阳	115.1	0.7	哈尔滨	17.5	n. a.
大连	86.6	0.4	佛山	14.8	n. a.
南京	81.6	4.5	合计	2 539.0	104.6

注：客运量为 2013 年地铁客运量数据，其中大连轨道交通客运量为 2012 年数据。

资料来源：文献[2]。

与此同时，还有 17 座城市已获准修建城市轨道交通。城市轨道交通在城市综合交通体系中的骨干地位以及对城市发展的战略支撑作用逐步显现。

与一般公共交通运输方式相比，轨道交通投资大、建设周期长。科学地进行轨道交通网络布局和建设规模规划，有序推进轨道交通网络建设与扩容是轨道交通网络发挥最优效益的根本前提。作为城市轨道交通规划的关键参数，线路客流强度是指轨道交通线路单位运营长度上平均每日的载客量，在一定程度上体现了运营效率。由于途经区域的差异，不同线路客流强度存在一定差异，这直接影响着线路与车站建设规模及设备选型，并进一步影响整个网络的运输能力和运营组织方式选择。

截至 2013 年年底，世界大城市轨道交通客流强度在 3.0 万人次/(km·日)的线路不到 20 条，占全球城市轨道交通线路的比例低于 3.0%，这些线路基本上位于城市核心区[3]。我国各大城市尽管有较好的人口规模基础，但并非多数线路都具有发展到 3.0 万人次/(km·日)及其以上客流强度的环境潜力[4]。对多数大城市来说，轨道交通成网并进入运营成熟期后客流强度达到 2.0 万人次/（km·日）及其以上的线路数量一般难以超过全网的 40%。因此，有必要研究不同类型城市轨道交通线路的客流强度规律，进而避免新线建设规模过大导致运能浪费或建设规模过小、不满足实际运营的需要[5,6]。

作为公共交通系统网的重要组成部分，城市轨道交通对城市内部发挥着快速骨干线路的作用，承担城市内部干线运输任务。从整个城市循环角度来看，城市轨道交通又是对外交通良好的接续运输手段，是机场、高速铁路在城市的有力集疏运工具。伦敦希斯罗机场后方有皮卡迪利（Piccadilly）地铁线，该线全长 71 km，跨越整个伦敦城区，与其余 11 条的地铁线中的 9 条相交，形成了良好的换乘关系。东京成田机场的轨道交通线路全场 51.4 km，连接 9 条城际铁路线与高速铁路线。

我国不少城市的轨道交通网络已经或即将进入网络化运营阶段。网络化运营条件下，城市轨道交通换乘站的效率和服务水平对城市轨道交通网络运营效率和线网整体服务水平有着重要的影响。目前，国内多个大城市轨道交通线网的陆续形成，客流网络化特征已经逐步显现，乘客在轨道交通网络中的出行时空分布特征及出行路径选择行为均发生了较大变化。以北京为例，2007 年地铁 5 号线投入运营前的里程为 114 km，5 号线运营后客流增势迅猛，到 2010 年的短短三年，客运量几乎增长了 1 倍。后面开通的 10 号线、4 号线的情形也如此，几乎完全颠覆了此前几条线路客流增长的基本规律[7]。

为提高我国城市轨道交通线网的网络化运营水平，充分发挥城市轨道交通的作用，有必要深入分析换乘设施布局对提高轨道交通网络吸引力和乘客路径选择行为的影响，为科学合理地做好城市轨道交通网络的合理规划、优化城市轨道交通换乘组织方案提供依据。

1.2 研究对象及研究目的

1.2.1 研究对象

本书以城市轨道交通客流演变规律与换乘组织的相关问题为对象开展研究，主要内容包括以下几方面。

(1) 城市轨道交通网络及线路客流强度的规律研究

拟从网络与线路两个层面分析城市轨道交通建设与发展的机理，分析不同城市轨道交通系统功能与网络规模的关系，剖析轨道交通线路客流量演变与整个网络化建设进程、城市土地利用之间的互动关系。

本书将根据城市轨道交通线路在城市中的具体区位，在论述城市轨道交通线路客流强度基本内涵与基本特征的基础上，分析客流强度的影响因素及其重要度水平，剖析不同线路客流强度的演变规律，并以国内外典型城市轨道交通为案例，从实证角度分析提炼不同类型网络与线路的客流强度特征。

（2）城市轨道交通换乘效率及其对乘客出行行为的影响

拟结合实例提出城市轨道交通系统换乘效率的评价方法，分析网络换乘效率变化对轨道交通市场竞争力或公交吸引力的影响，并建立相应的评估模型，研究换乘对乘客路径选择行为的作用。

本书将根据公共交通运行的特点，构建城市轨道交通在城市公共交通体系中的竞争力模型，研究换乘效率改善对城市轨道交通吸引力的影响；分析轨道交通换乘时间效率对乘客行为的影响，比较乘客对换乘时间不同组成部分的感知差异，研究换乘次数、步行时间、候车时间对出行者路径选择的影响。

（3）城市轨道交通线网形态及换乘组织方法

在上述研究的基础上，从城市轨道交通线网规划和车站设计两个层面出发，研究不同网络形态和车站换乘方式下的乘客换乘便捷性和换乘时间效率。结合典型城市的轨道交通网络和换乘枢纽设计方案，对不同线网形态和换乘组织方式的效果进行实证分析。

本书将从实证角度出发，结合典型城市的线网形态，分析不同类型网络对乘客出行换乘便捷性的影响。从通勤乘客的心理感受出发，分析换乘过程及其涉及的各要素对整个出行的影响机理，并建立相关模型。具体研究不同类型换乘站设计方案下乘客流线组织的效率及其对服务水平的影响，并结合实际案例提出合理化的换乘站设计方案。

（4）城市轨道交通与城市对外交通枢纽的衔接研究

作为公交一体化的重要内容，对外交通与城市交通衔接的改善具有重要现实意义。通过研究国内外典型有城市轨道交通的对外交通枢纽的集疏运体系交通方式构成，分析对外交通枢纽集疏运方式的结构现状。比较对外交通枢纽集疏运体系中不同交通方式的特点，建立城市轨道交通对改善对外交通枢纽竞争力的评估模型，并从票价调整和换乘改善角度，分析提高轨道交通竞争力的潜力，最后结合典型铁路车站和机场枢纽进行案例分析。

本书将以实例为基础，分析并评估部分对外交通枢纽的交通设计方案，最终提出可提高对外交通枢纽服务水平的方案。

1.2.2 研究目的

本书的研究具有以下几方面的理论和现实意义：

首先，分析不同类型的城市轨道交通网络与线路的客流强度，可以掌握城市轨道交通系统与城市发展的互动关系，有助于科学合理的规划城市轨道交通线路建设规模、经济合理地制定城市轨道交通运营组织方案，完善轨道交通线网的规划技术与方法。

其次，研究城市轨道交通网络的换乘效率，剖析城市轨道交通换乘效率对出行者交通方式选择的影响，分析评价轨道交通线网内不同路径以及轨道交通与其他公共交通方式的竞争力，研究适合不同类型网络的换乘站设计方案，不仅有助于深化分析轨道交通出行选择行为，改善城市轨道交通的运行服务水平，还可以为提高轨道交通方式竞争力提供理论依据。

最后，研究城市轨道交通与对外交通枢纽的衔接，探讨机场和铁路车站的轨道交通运营组织，可以为提高轨道交通在城市对外交通枢纽集疏散体系中的竞争力、缓解机场或铁路枢纽附近的城市交通拥堵提供理论依据。

1.3 国内外研究现状分析

自伦敦1863年建成第一条地铁线路以来，国外城市如伦敦、纽约、巴黎、东京等在20世纪60年代前后就已基本完成城市轨道交通线网的建设，这些城市的轨道交通线网已经进入网络结构与客流规模均相对稳定的发展阶段。我国的城市轨道交通建设以1965年动工、1969年开通的北京地铁1号线为起点，虽然也经过了40余年的发展，但限于经济发展水平，真正的有规模的建设阶段实际上应是从20世纪80年代才开始的。20世纪90年代以来，尤其是2003年9月国务院办公厅发布关于加强城市快速轨道交通建设管理的通知（国办发〔2003〕81号）以后，我国各大城市进入了城市轨道交通的快速发展期。

总体上看，我国对于城市轨道交通发展的研究虽然成果不少，但多层次的综合性研究较少，对于城市轨道交通客流强度、网络换乘方案规划设计、对外交通枢纽衔接方面的实证还需要进一步深入研究。

1.3.1 既有研究进展

目前国内外关于轨道交通客流演变规律和换乘组织实践相关问题的研究，可以从以下四个方面来进行分析和评述。

（1）城市轨道交通客流强度及其机理的研究

城市轨道交通客流演变规律的研究大致可以分为两个部分：客流

演变规律的特征研究、影响客流变化的主要因素研究，包括城市空间与用地布局、服务区域内的客流特征、线网自身的规模与运营效能等。

国外学者在城市轨道交通客流特征以及影响因素方面的研究较为全面。Newman P W 等[8]分析了典型国际大城市交通方式选择相关影响因素，发现土地居住密度越大，公共交通占有率越高，特别是在考虑采用 TOD 模式和土地混合使用的地区，人均交通出行成本可以降至其他地区的 85%以下。Southworth F[9]总结调查情况后发现，将居民出行方式按照出行距离分类后，土地开发模式对多数出行方式的影响程度增强。Susan 等[10]研究发现，提高工作岗位至 6 000 人/km^2以上时，居民对公交的选择偏好会大幅提高，但是降低就业密度至 4 000 人/km^2以下时，小汽车出行会达到较高比例。Duruet C 等[11]与 Verbit G P[12]指出，当每平方公里超过 1.5 万居住单位时，居民选择公共交通出行的概率会随土地密度的提高显著上升。

Messenger T 等[13]与 Qin F 等[14]指出除了土地利用模式之外，居民出行模式也会受到该地区公共交通服务水平以及每万人小汽车拥有量的影响。Bento A M 等[15]在对公共交通线路里程平均值和人口密度对交通结构的影响进行分析后得出，以上两个因素增大 1/10 时会相应影响小汽车出行率降低 1/100 和 1/200。

Grava S[16]研究了国际大都市的城市轨道交通发展历程，并以纽约城市轨道交通系统为例，对其规划设计和运营管理体系进行了系统分析。Assis W O 等[17]分析了大量客流样本数据后，得到了出行者等候列车和上下车的行为特征和时间特征，给出了不同线路的客流时间分布特征，并以此为基础对列车时刻表的编制提出了优化方法。Castelli L 等[18]、Lim Y 等[19]通过分析不同类型换乘站衔接的线路类型，以及这些线路的运营特征，得到了提供换乘服务线路的客流时空分布特征、客流的起讫点分布特征，并根据以上分析结果给出了列车运行组织优化方法[18,19]。

国内相关研究主要集中于城市轨道交通系统客流量的发展演化及其机理分析。在城市轨道交通线网的发展前景方面，沈景炎[20—23]指出轨道交通作为低碳节能的大运量交通系统，正在逐步成为大城市公共交通的骨干，而为了发挥其最大的功能并保障系统可持续发展，必须兼顾保证该系统具有较大的运能和一定的运营效益，即在城市轨道的规划设计和运营管理中，既要保证较好的客流强度，并在提高客流强度的同时兼顾改善服务水平。在城市轨道交通系统发展进程方面，一些学者通过分析亚洲、欧洲和美洲等区域的大都市城市轨道交通演变过程，认为其发展周期可以分为 3～4 个阶段，对应系统由初期逐渐成网至网络化运营过程[24—27]。

在土地开发、社会经济因素对城市不同交通方式分担率的影响方面，王媛媛和陆化普[28]认为土地利用模式与交通结构具有循环反馈关系，并基于资源与环境承载力建立了动态反馈模型，为未来交通可持续发展提供了情景分析工具。王炜等[29]提出除了用地布局因素之外，出行结构以及需求规模还会受到经济区位分布因素的影响，同时经济的持续发展需要城市交通服务的保障，而城市交通基础设施布局也会反过来影响经济发展和用地布局。也有学者通过调研国内典型城市的居民交通出行调查数据，分析了城市交通演变过程中出行结构与不同因素的动态反馈关系，并建立了一系列互动反馈模型和投入产出模型，同时围绕公共交通导向发展模式，为未来交通可持续发展模式提供了建议[30—32,37]。

在城市轨道交通客流特征及其演变机理方面，方蕾[33]将统计分析的方法应用在轨道交通网络的客流时空变化规律的研究中，并对不同类型线路客流特征差异进行了描述，进而对列车编组计划进行了优化。易婷等[34]以国内较早开通地铁的城市为研究对象，重点阐述了与轨道交通换乘相关的客流特征及其影响因素，如出行起讫点、出行类型等，进而给出了换乘站的布设方式优化方法。

对于不同布局类型的轨道交通线网，其网络客流时空分布特征特别是换乘站客流特征之间具有较大差异，形成这种特征多样性的主要影响因素包括线路覆盖地区用地开发情况、轨道交通车站布局等。国内学者在调研了世界发达城市通勤圈轨道交通客流数据后，分析了轨道交通乘客出行时空特征，研究了这些特征指标在城市规划中与社会经济、用地布局的双向反馈作用，特别是组团式城市群规划中以上因素的相互影响作用[35,36]。还有一些学者细化了轨道交通网络的布设类型，同时按服务范围覆盖市区还是郊区客流将轨道交通线路进行分类，并研究了不同类型线网和线路的客流时空分布特征及轨道交通出行客流的起讫点特征和换乘选择行为特征[38,39]。

目前，许多大城市的轨道交通系统已进入网络化运营阶段，其运营管理对车站特别是换乘车站的规划设计和客流组织提出较高要求，特别是要满足早、晚高峰时期轨道交通通勤出行的高效率要求，这就要求现阶段一些已经提前进入网络化运营的大城市，要充分考虑客流特征特别是换乘客流的不均衡特征、突发性客流的传播特征，对既有轨道交通车站设施进行改进，例如优化站内乘客走行流线、延展车站站台面积、合理组织车站与其他公共交通方式的衔接等[40,41]。此外，由于布设在市区和郊区的车站客流成长规律不同，特别是轨道线路位于市区和郊区分界边缘的换乘车站和首末车站，其车站设施一方面要依据远期客流水平和时空特征预留站内空间；另一方面要在考虑诱增客流的基础上规划好轨道交通与其他公共交通的衔接组织方案[44]。

随着客流特征的日趋复杂化，一些处理复杂性数据的模型被借鉴到城市轨道客流演化特征预测方面，例如时间序列模型、客流激发能级模型和基于径向基神经网络的预测模型等，其中第二种方法适合不均衡性较高的客流预测，第三种方法对于成网时期快速成长的轨道交通客流预测效果较好[42—46]。

(2) 城市轨道交通在出行方式选择和路径选择中的竞争力研究

国外学者在交通出行方式选择和路径选择方面的研究较为成熟。

在交通出行方式选择方面，国外学者通过引入不同的数据分析方法提高了集计和非集计模型的预测精度，例如利用神经网络方法来更好地分析出行者的随机决策行为并降低模型复杂性；将效用函数细化为出行效用和转换效用来更好地描述出行者的行为选择过程；利用集计模型与非集计模型在出行起讫点分类的一致性对 NL 模型进行改进等[47—50]。在出行者路径选择方面，一些学者针对城市轨道交通服务特征和乘客出行特征，将改进的道路客流分配模型运用至城市轨道交通客流分配中，并采用了启发式算法、粒子群算法等进行求解[52—54]。

国内学者结合国内大城市轨道交通客流特征和运行组织发展历程，建立了更加细致和实用的方式选择模型和轨道交通路径选择模型。

在出行者进行方式选择和路径选择时，经济因素和时间因素是影响出行者行为决策的重要指标，而这些因素是受出行类型、出行时间和起讫点特征等动态变化的。国内一些学者在构建出行决策模型时，细致考虑了轨道交通客流的时空特征。牛惠民等[55]在优化列车开行方案时，考虑了客流需求的动态变化特征，进而在运行组织方面为轨道交通提高竞争力提供了参考。要甲等[56]分析了高峰期影响出行者决策的主要因素，将轨道交通和道路交通的拥挤水平和行驶速度引入效用函数中。石定宇[57]利用AHP法筛选出不同情境下影响出行者行为决策的主要因素，提高了模型的适用性。

在路径选择方面，国内学者对乘客的出行过程特别是换乘过程进行了细致的划分，并针对乘客出行行为特征，通过抽样调查方法估算不同阶段不同影响因素的效用，例如换乘过程中的走行时间价值，并将其引入效用函数中，此外还会根据出行者的行为特征确定有效路径的选择集[58—64,69]。另外，一些学者研究了影响乘客路径选择行为的各个因素之间的双向反馈作用，特别是拥挤情况对乘客心理感知的影响。陈小锋和孔繁钰[62]分析了不同时间乘客对拥挤感知的差异，并将拥挤折算为时间引入效用函数中。毛保华[65]、赵烈秋和孔繁钰[66]、Wu K等[67,68]补充了车内和站台拥挤使乘客滞留站台时效用函数的构建方法，并利用了改进的传统路径配流算法对考虑拥挤条件的轨道交通均衡网络进行求解。

(3) 城市轨道交通网络换乘研究方案研究

在城市轨道交通网络换乘方案方面，国内外学者主要是从换乘车站设置和换乘效率两个角度展开研究工作。

在换乘车站设置方面，国外学者研究了换乘设施布局和换乘站衔接线路客流特征对换乘效率的影响，为衔接不同客流量等级、衔接不同时空特征的线路换乘设施的规划设计提供了参考，并将研究结果扩展至换乘设施运行组织优化[70—76]。例如，Guo Z和Wilson N H[77]讨论了舒适性指标对于出行者行为决策的影响，Aoki M[78]分析了不同行车组织计划对乘客换乘时间的影响。

在城市轨道交通换乘效率评价体系构建及其影响因素的分析方面，国内外学者在分析了居民出行调查数据后，将时间因素、拥挤因素和累计换乘次数等归入了影响出行者换乘行为决策的重要因素中，将轨道交通线网布局类型列入了影响换乘效率的重要指标里，并在此基础上测算了不同布局类型轨道交通线网的换乘效率，分析了线网和车站布局形式的改变对客流时空分布特征的影响[79—81]。例如，全永燊等[82]指出换乘次数、换乘时间和拥挤水平是构成换乘效率体系的重要因素。毛保华[83]和蒋玉琨[84]构建了考虑线网拓扑结构、换乘拥挤水平等因素的城市轨道交通换乘效率评价体系，并探讨了城市轨道交通线网形态对换乘便捷性的影响。王建聪[87]和白雁等[88]将模糊评价法引入城市轨道交通换乘效率评价体系的测算中。

此外，国内学者通过分析典型大城市的轨道交通换乘车站运行情况，将换乘设施的布局特征和功能类型也列入了换乘评价指标体系，从实际应用角度构建了不同类型换乘站的换乘效率评价体系，并通过仿真等方法，分析了客流条件、换乘通道布设形式、站台布局和行车组织作业计划等因素对换乘效率的影响[85—95]。

(4) 对外交通枢纽的衔接方式研究

国内外学者在对外交通枢纽的衔接研究方面主要集中在枢纽一体化规划设计和衔接方案评价两个部分。

在对外交通枢纽的一体化规划设计方面，国内外学者通过对美洲、亚洲等地区的大型国际机场调研数据进行分析，得到了对外交通枢纽服务的出行者出行特征，指出出行者偏向选择时间成本低、经济成本较小以及具有一定舒适性的交通方式抵达或者离开对外交通枢纽，随后根据出行者调查数据构建了非集计模型，并用仿真的方法分析了速度、票价、拥挤等因素对不同交通方式竞争力的影响[97—105]。熊思敏等[108]针对国内大型国际机场集疏运交通结构和出行者出行特征进行了调研，探讨了影响出行者出行决策的主要因素，并构建了多方式 Logit 模型。

在对外交通枢纽衔接方案评价方面，国内学者通过分析影响对外交通枢纽衔接功能的因素，将枢纽换乘效率指标列入了衔接方案评价指标体系中，并采用决策矩阵规范化方法、层次分析法和模糊评价等方法对国内大型对外交通枢纽的衔接方案评价问题进行了求解，为枢纽优化组织提供了参考[109—118]。

1.3.2 既有研究的不足

综上所述，目前国内外在城市轨道交通客流演变规律与换乘组织研究方面已经取得了很多成果，但仍然存在一些问题有待于进一步研究，主要包括：

第一，既有研究对城市轨道交通线网客流强度演变规律的实证分析不够充分，影响既有研究成果的实际应用性。

客流强度既是轨道交通网络规划的重要参考指标，对运营组织也有重要影响。不同线路的客流强度与其地理位置、车站周边环境、在网络中的功能等因素密切相关。研究客流强度及其影响因素，掌握线路客流成长与客流强度的演变规律，不仅有利于充实城市轨道交通规划建设中的客流预测基础，对城市轨道交通的新兴城市也有重要借鉴价值。过去，由于对不同类型线路、不同设计方案下的客流强度特征规律研究不足，经常造成轨道交通线路客流预测偏差过大，影响建设规模与运力配置方案的选择和城市轨道交通的可持续发展。在我国城市轨道交通规划与建设过程中，各城市都曾出现过一些误差较大的案例，如上海地铁 5 号线、天津滨海线、北京地铁 13 号线、南京地铁 1 号线等；在另外一些情况下，也有预测比较准确的例子，如上海地铁 1 号线、2 号线，北京地铁 10 号线等。这一方面与网络化发展阶段有关，另一方面也与线路的特点与功能定位有关。

本书针对这一问题，希望能够通过调查研究寻找城市轨道交通网络上不同线路客流强度的演变特征及其内在、外在的影响因素，为轨道交通规划设计和运营组织提供参考。

第二，既有文献在研究轨道交通网络竞争力时对换乘效率的分析以及改善换乘的效果研究不够充分。

与私人小汽车相比，公共交通的一个重要特点是难以实现门到门的运输。因此，换乘是公共交通出行过程中不可回避的问题，也是整个公共交通体系构建中需要解决的重要问题。统计分析表明，城市轨道交通作为公共交通体系的组成部分，换乘便捷性和换乘效率对客流强度有较大影响。传统的对轨道交通竞争力的研究多数侧重从票价、总出行时间角度进行研究，缺少从网络换乘设计方案的角度的深入研究。2020 年，我国城市轨道交通规划运营里程估计将超过 7 000 km[119]，网络化运营将成为许多城市的常态。在轨道交通网络化运营的发展趋势下，换乘时间和换乘机会在乘客出行方式选择和路径选择中的影响幅度也在快速上升，而既有研究在这些方面的考虑不够充分，因此，有必要继续深入研究换乘效率和换乘便捷性对轨道交通吸引力和乘客行为的影响。

第三，既有城市轨道交通网络与城市地区的铁路、机场等城市对外交通枢纽的衔接效率不高，相关研究不够充分。

截至 2013 年年底，我国内地有轨道交通的城市已达 19 个，其中有机场轨道交通连接线的城市只有北京、上海、广州、天津、南京、深圳、重庆、昆明 8 个，宁波、郑州、大连、武汉、乌鲁木齐 5 个城市的机场线还在规划建设阶段。

2008 年以来，高速铁路的建设与发展十分迅速，2013 年年底我国内地高速铁路营业总里程已经超过了 1.1 万 km，不少机场与高铁或城际铁路之间的联系正在建设；例如，长春长吉城际龙嘉站、京沪高铁的上海虹桥站、京石客运专线的石家庄正定机场站、海南东环（高速）铁路的海口美兰站机场等已与铁路建立了联系，郑州新郑机场与机场城际铁路、武汉天河机场与汉孝城际铁路、成都双流机场与成棉乐城际铁路的联系衔接在建设中。

随着我国社会经济发展水平的不断提高，居民在城市间的出行将越来越频繁，大城市对外交通枢纽的客运量快速增长，机场与高速铁路枢纽附近的道路交通拥挤现象越来越严重。对外枢纽集疏散方式的研究开始转向城市轨道交通，但是该领域的研究仍处于初步阶段，缺乏系统深入地研究，有必要对城市轨道交通在城市对外交通枢纽集疏运体系中的竞争力进行详细分析、并提出提高轨道交通竞 7 争力的措施与方法。

1.4 研究的主要内容与框架

根据上述内容，本书分为 6 部分，图 1－1 描述了各组成部分间的相互关系。

第 1 章阐述了本书的研究背景，并从城市轨道交通客流强度及其机理、城市轨道交通在出行方式选择和路径选择中的竞争力、城市轨道交通网络换乘设计与组织方案、对外交通枢纽的衔接设计方法等方面评述了国内外相关研究工作者在本领域的研究成果。

第 2 章从客流强度角度研究了不同类型城市轨道交通线路的基本特征，包括线路客流强度内涵及其影响因素分析，线路客流强度影响因素的重要度分析，不同类型线路客流强度在网络发展过程中的演变规律。

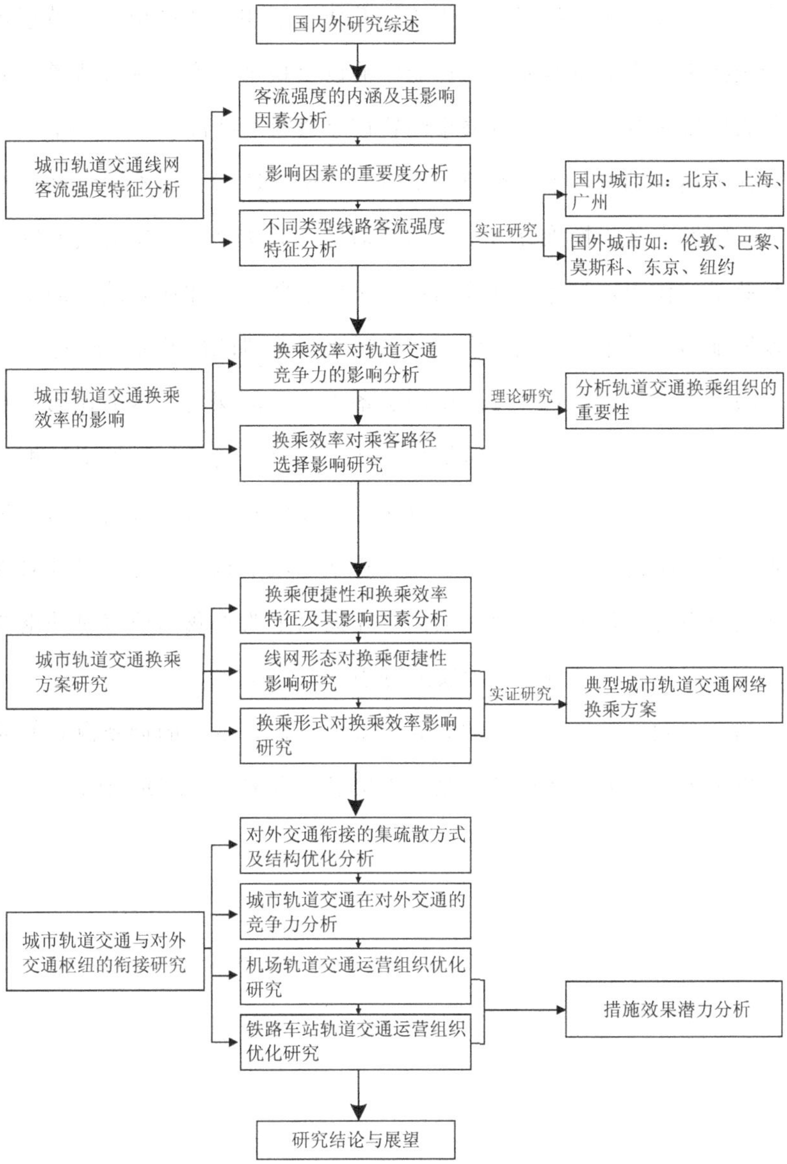
国内外研究综述
城市轨道交通线网客流强度特征分析
客流强度的内涵及其影响因素分析
影响因素的重要度分析
不同类型线路客流强度特征分析
实证研究
国内城市如：北京、上海、广州
国外城市如：伦敦、巴黎、莫斯科、东京、纽约
城市轨道交通换乘效率的影响
换乘效率对轨道交通竞争力的影响分析
换乘效率对乘客路径选择影响研究
理论研究
分析轨道交通换乘组织的重要性
城市轨道交通换乘方案研究
换乘便捷性和换乘效率特征及其影响因素分析
线网形态对换乘便捷性影响研究
换乘形式对换乘效率影响研究
实证研究
典型城市轨道交通网络换乘方案
城市轨道交通与对外交通枢纽的衔接研究
对外交通衔接的集疏散方式及结构优化分析
城市轨道交通在对外交通的竞争力分析
机场轨道交通运营组织优化研究
铁路车站轨道交通运营组织优化研究
措施效果潜力分析
研究结论与展望

图 1－1　研究框架结构

第 3 章从公共交通运行角度分析了城市轨道交通换乘时间效率对网络吸引力和乘客选择行为的影响，并建立了相应的模型，该模型旨在刻画换乘效率对乘客路径选择的影响以及换乘效率对城市轨道交通竞争力的影响等。结合部分城市的轨道交通网络进行了实例分析。

在上述基础上，本书在第 4 章研究了城市轨道交通不同线网形态的换乘特性，基于换乘分析了线网结构形态对整个城市轨道交通网络运行效果的作用，具体包括线网形态对换乘便捷性和换乘效率的影响以及换乘站换乘组织方式的影响。选择典型案例进行了实证研究。

城市交通与城市对外交通衔接是备受关注的课题。本书在第 5 章研究了一个重要而典型的衔接情形，即城市轨道交通与对外交通枢纽的衔接问题，重点研究了城市轨道交通对民航机场与城市间铁路车站两种典型枢纽的集疏运效率的影响，建立了城市轨道交通对提升对外枢纽竞争力的评估模型。通过案例研究提出了改善我国城市对外枢纽城市交通衔接、提高城市轨道交通分担率的建议。

第 6 章归纳总结了本书的研究成果，分析了本书的创新点，并简要分析了本书研究工作中的不足，提出了值得进一步研究的问题。

2 城市轨道交通客流强度影响因素与特征研究

对于不同城市的轨道交通系统，客流强度是刻画轨道交通线路功能和运输效率的重要指标，也是城市轨道交通规划工作中的关键参数，对网络规模以及线路的功能定位、模式选择等均有重要影响。本章结合国内外部分城市轨道交通客流强度的统计数据，分析不同城市轨道交通线网以及不同类型轨道交通线路客流强度的基本特征，从线路空间与网络演变角度剖析线路客流强度随网络发展演变的内涵，并系统研究城市轨道交通客流强度的影响因素，利用灰色关联分析法定量分析了各因素的重要度，为我国城市轨道交通系统规划建设与运营组织提供参考。

2.1 客流强度的内涵及其影响因素

2.1.1 客流强度的内涵

城市轨道交通客流强度是指轨道交通网络或线路每千米每日平均承担的客运量，是反映轨道交通线网运营效率和经济效益的一个重要指标。城市轨道交通第 i 条线路的客流强度 k_i 和线网的客流强度 Q 可以用式（2－1）、式（2－2）计算：

$$k_i = p_i / l_i \tag{2-1}$$

$$K = \sum_{i=1}^{n} p_i / \sum_{i=1}^{n} l_i \tag{2-2}$$

式中：k_i——城市轨道交通第 i 条线路的客流强度，万人次/（km·日）；

K——城市轨道交通线网客流强度，万人次/（km·日）；

p_i——城市轨道交通第 i 条线路的日客运量，万人次/日；

l_i——城市轨道交通第 i 条线路的长度，km。

客流强度对城市轨道交通线路规划设计和开通运营初期制定合理的运营组织方案有重大意义。

第一，在城市轨道交通规划设计方面，客流强度指标是轨道交通线路功能定位的基础，直接影响着线路、车站的建设规模和列车、信号系统等设备的选型。前期的规划建设和设备选型方案应充分考虑未来一定时间内的客流强度，避免轨道交通系统的过度拥挤，同时不要造成资源配置的浪费。

第二，在城市轨道交通运营组织方面，客流强度指标是制定合理的运营组织方案的重要依据，直接影响着列车运行交通方案设计和运营计划的编制。对于客流强度较高的线路，应缩短发车间隔和增加列车开行对数，而对于客流强度较低的线路，应在满足乘客出行需求的前提下，尽量减少车辆配备，提高车辆利用率，节省列车的购置费用，兼顾降低运营成本，提高运营效益。

表 2－1 根据部分统计资料[120—126]，归纳整理了国内外城市轨道交通网络规模在 200 km 以上的几个典型城市轨道交通线网规模和客流强度数据。

表 2－1 城市轨道交通线网规模和客流强度比较

城市	客流强度 / [万人次/(km·日)]	市区面积 /km^2	人口 /万人	人口密度 / (万人/km^2)	线网长度 /km	线网密度 / (km/km^2)
东京	2.90	622	901	1.45	291	0.47
莫斯科	2.20	1 081	1 017	0.94	303	0.28
广州	2.16	1 060	748	0.71	235	0.22
巴黎	1.57	2 845	1 052	0.37	214	0.08
北京	1.52	1 085	1 228	1.13	443	0.41
上海	1.50	2 644	1 839	0.70	423	0.16
伦敦	0.89	1 572	842	0.54	433	0.28

注：数据分别为东京（2011 年）、莫斯科（2011 年）、巴黎（2012 年）、伦敦（2010 年）、北京（2012 年）、上海（2012 年）、广州（2012 年）。北京地铁 6 号线一期，9 号线北段于 2012 年 12 月 30 日起开始试运营，统计日均客运量时未包含该线路；上海统计数据不含磁悬浮和有轨电车；上海地铁 13 号线于 2012 年年底试运营，统计客流强度时未包含该线路。数据来源于文献[2,3,120—123]及 Keyhole Database。

从表 2－1 可见，各城市轨道交通网络中，东京的客流强度最高，达到了 2.9 万人次/（km·日），伦敦最低，不足 1.0 万人次/（km·日）；其余城市的网络客流强度基本上都在 1.5 万～2.5 万人次/(km·日) 这些城市的城市轨道交通基本上发挥了它们在整个城市公共交通体系中大容量的骨干作用。

不过，上述各城市轨道交通网络统计数据中，关于线网密度数据的统计口径存在一定偏差，主要原因是各城市轨道交通网络并非均匀覆盖在所统计的对比区域，因而其可比性存在一些问题。以伦敦为例，其轨道交通网络主要分布在内伦敦区（Inner London）294 km^2 范围而非大伦敦（Greater London）的 1 580 km^2 范围，而且城市轨道交通线路的大部分分布在伦敦中心区（Central London）27 km^2范围内，因而伦敦中心区的城市轨道交通线网密度是很高的。实际上，内伦敦或大伦敦地区还分布着超过 1 000 km 的城市间铁路线路，即隶属国家铁路网络（Railtrack）公司的线路。

有鉴于此，本书选择国外的伦敦、巴黎、莫斯科、东京 4 个城市和国内的北京、上海及广州 3 个城市就城市轨道交通线路的分布区域进行更加具体的比较。通过对上述 7 个城市的核心区域（本章分析对象为城市道路内环区域）、中心城区和市区的城市轨道交通实际里程进行统计（附录 A），表 2－2 给出了上述 7 个城市核心区域、中心城区和市区的城市轨道交通线路密度。

表 2－2　市中心不同半径范围内轨道交通分布统计

城市	核心区域			中心城区			市区		
	面积*	里程*	密度*	面积*	里程*	密度*	面积*	里程*	密度*
东京	34.8	143.1	4.1	148.7	232.9	1.6	621.8	302.7	0.5
巴黎	34.7	124.4	3.6	382.2	184.9	0.5	2 844.8	213.8	0.1
莫斯科	26.9	65.6	2.4	284.5	182.6	0.6	1 081.0	305.8	0.3
上海	60.7	131.5	2.2	620.5	343.4	0.6	2 643.5	548.0	0.2
伦敦	50.0	107.5	2.2	384.5	348.5	0.9	1 572.0	478.0	0.3
广州	29.2	38.3	1.3	549.1	152.5	0.3	1 059.9	246.4	0.2
北京	62.4	57.3	0.9	667.3	239.5	0.4	1 085.0	465.0	0.4

注：* 面积、里程与密度的单位分别为 km^2，km，km/km^2。本表数据根据文献[2,3,120—126]及 Keyhole Database 整理得到。

从市区范围看，国内外城市轨道交通线路密度相近，甚至国内大城市略高于国外的大都市。然而，从核心区域看，国内的大城市轨道交通线路密度远低于伦敦、巴黎、莫斯科和东京。北京市二环内城市轨道交通线路密度为 0.9 km/km^2，虽然远高于市区平均水平的 0.4 km/km^2，但只有巴黎核心区域的 1/4、东京的约 1/5、伦敦的 2/5。

另外，可以分析各城市不同范围内城市轨道交通的网络密度差异。国内几个城市中，北京、上海内环区域的线路密度是市区范围的 2～2.5 倍，广州最大为 4 倍；国外几个城市中，伦敦为 2.5 倍，巴黎为 7 倍，莫斯科为 4 倍，东京超过了 8 倍。

实际上，上述范围内，伦敦、东京等城市还有规模庞大的传统铁路或国家铁路网络，它们与城市轨道交通一起共同构成了一个互联互通的一体化轨道交通服务网络，为城市居民的对内、对外出行提供便捷服务。

从实践上看，城市轨道交通的建设与运营有两种模式：一种是高运量、低密度模式的线网，客流强度较高；另一种是低运量、高密度模式的线网，客流负荷强度相对较低。

总体上看，东京、莫斯科与我国的北京、广州等基本属于前者，这类线网一般有较大的客流强度和较高的运输效率，但往往比较拥挤。巴黎和伦敦等城市属于后者，这类城市轨道交通网络覆盖性好，路径选择多，换乘方便，利于提升轨道交通系统的服务水平、减少私人交通工具泛滥引起的城市交通拥堵。

经验表明，要取得较好的经济与社会效益，需要结合城市的具体情况，充分发挥城市轨道交通的特点，合理选择不同区域范围内的线网密度，适当提高客流负荷强度。

截至 2013 年年底，我国已有 30 多个城市正在建设城市轨道交通，各城市的社会与经济发展水平存在较大差异。城市轨道交通系统的规划与建设目标应以城市综合交通系统的发展目标为基础，即应用最有效的方式来解决城市交通问题，而非一味追求较大的网络规模。因此，对我国城市来说，城市轨道交通网络的密度选择需要兼顾城市交通需求与财力等具体情况，从城市轨道交通在城市综合交通中的功能定位角度来分析确定。

2.1.2 客流强度的影响因素

城市轨道交通系统是人、车、环境相互作用、相互影响的复杂系统，其客流强度受城市发展环境中诸多因素的影响。下面从城市轨道交通线网和线路两个层面来分析客流强度的影响因素。

城市轨道交通线网（线路）客流强度是线网（线路）全年日均客运量与线网（线路）长度的比值。客流强度的影响因素主要有社会经济发展水平、交通需求特征、线网（线路）形态布局、运输能力和线网（线路）服务水平等方面。

城市社会经济发展水平决定了城市交通出行总量，影响居民出行时间和距离，以及居民出行次数等交通需求特征，从而影响到轨道交通客流强度；线网（线路）的线网形态布局特征、运输能力和服务水平会影响人们的出行方式选择、换乘行为和路径选择等，一般而言，具有合理线网形态布局、较大运输能力和较高服务水平的城市轨道交通网络会吸引更多的人选择轨道交通作为出行方式，从而影响线网客流强度

(1) 社会经济发展水平

城市社会经济发展水平反映了城市人口密度、社会生产生活的强度，是交通需求的重要基础。人口是城市发展规模的核心指标，决定了城市交通出行总量。此外，人均国内生产总值是影响城市居民出行

率的重要因素，后者也直接决定着城市交通系统的客流规模。郭平等[127]通过统计研究认为，当城市居民平均国内生产总值超过1 800美元时，城市轨道交通客流规模将有较好的保证。

线网客流强度方面，社会经济因素主要考虑线网覆盖范围内的人口密度、人均国内生产总值。线路客流强度方面，社会经济因素主要考虑线路服务范围内的人口密度和人均国内生产总值。

（2）交通出行特征

交通出行是指出行者为完成某一目的，利用城市交通设施，借助某种交通方式，在城市范围内完成的从起点到终点的移动过程。城市轨道交通客流来源于居民出行，对居民出行特征的量化指标主要是人均出行次数和出行方式分布。其中，人均出行次数＝居民全日出行总量/人口总数，反映了居民出行的频繁程度；出行方式分布也称交通结构，即不同交通方式所承担的交通量比重。

线网客流强度方面，居民出行特征因素主要考虑线网覆盖范围内的人均出行次数、轨道交通出行占公共交通出行的比例。线路客流强度方面，居民出行特征因素主要考虑线路服务范围内的人均出行次数和轨道交通出行比例。

（3）形态布局

线网（线路）的形态布局主要取决于自然地理条件和社会经济发展水平，线网有放射式、网格式、环线＋放射式、环线＋网格式等多种形态，线路的形态有放射线、环线、S线等多种布局。通达便捷的形态布局能够支撑交通快速高效运行。

①中心城区比例。

线网（线路）的中心城区比例为轨道交通在中心城区内的里程与总里程的比值，反映了轨道交通在中心城区、外围区的空间分布情况。城市中心城区分布着大量商业客流吸引点，外围区主要设置大量居民小区等交通发生点。科学合理的轨道线路空间布局，能够高效的支撑人口流动和社会经济运转。

②换乘便捷性。

换乘便捷性是衡量线网（线路）换乘机会和换乘效率的指标。换乘便捷性越高，换乘机会越多，轨道交通网络的吸引力越大。随着城市轨道交通线网的不断扩张与完善，平均每条线路与其他线路换乘比例的增高将大大提高城市轨道交通的方便性。

根据对日本东京轨道交通出行者相关的调查，90%的城市轨道交通乘客需要换乘[123]。我国一般城市中城市轨道交通系统的换乘系数为1.6～1.8，其中北京较高，换乘系数接近2.0。换乘便捷性已经成为城市轨道交通服务水平的重要影响因素之一。

在线网客流强度的影响因素分析方面，本书选取的是线网换乘便捷性指数，该指标主要表征线网内平均每条线路与其他线路的换乘机会。在线路客流强度方面，本书采用线路换乘便捷性指数来进行分析，该指标主要表征某一条线路与其他线路的平均换乘机会。

(4) 服务水平

城市轨道交通服务水平也是影响客流强度的重要因素。较高的可达性和合理的旅行速度是吸引居民出行选择轨道交通的重要因素。忽视轨道交通服务水平会导致服务质量不高，轨道交通吸引力下降，使大量潜在客流转向其他交通运输方式，从而降低客流强度。

轨道交通服务水平的量化指标主要采用线网密度和旅行速度，对应表征轨道交通的可达性和快速性服务水平。线网密度表征乘客利用轨道交通完成交通出行的方便情况，旅行速度直接决定乘客的在车时间，从而影响出行者的出行效率。因此，较高的线网密度和较高的旅行速度能够增加轨道交通的竞争力，吸引更多乘客选择轨道交通出行。

（5）运输能力

城市轨道交通根据运输能力可以分为大运量、中运量、低运量轨道交通系统，不同类型的轨道交通适合于不同城市不同区域的发展。大运量的轨道交通系统适合于客流量密集的交通走廊，中运量和小运量的轨道交通系统是城市公共交通系统中不同运能等级的补充。不同运量等级的轨道交通系统的有效衔接可以发挥各种交通集聚效应，提高公交整体运输能力，提高轨道交通出行占公共交通的额比例，进而影响轨道交通客流强度。

2.2　基于灰色关联度的影响因素重要度分析

2.2.1　客流强度影响因素指标选取

本节以灰色关联理论[128]以及层次分析方法为基础，建立轨道交通客流强度影响因素的灰色关联层次分析模型，分析各影响因素指标的变化对城市轨道交通客流强度的影响来确定影响程度，根据关联度大小排序得出城市轨道交通客流强度不同影响因素的重要程度。城市轨道交通线网和线路两个层面的客流强度影响因素如图2－1所示。

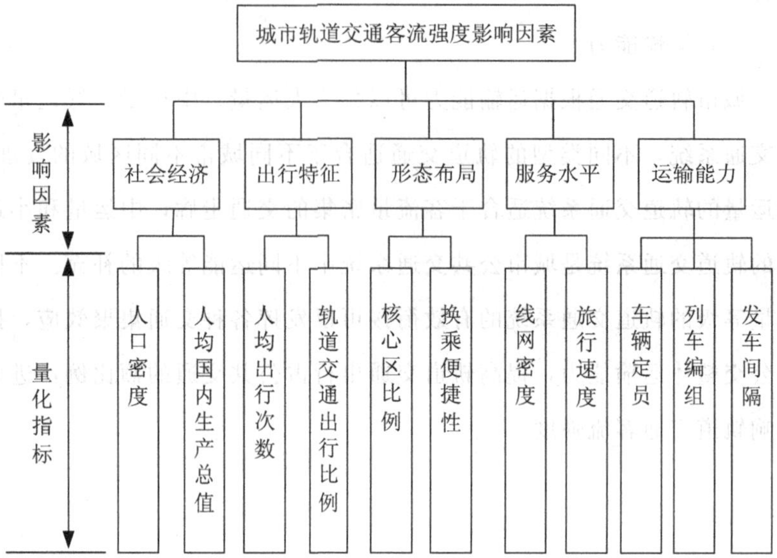

图 2－1　城市轨道交通客流强度影响因素及分析指标

(1) 社会经济

社会经济影响因素的量化指标为人口密度和人均国内生产总值，其中人口密度的计算如式 (2－3) 所示：

$$\rho = P_p / S \tag{2-3}$$

式中：ρ——城市人口密度，万人/km^2；

P_p——轨道交通覆盖区域人口，万人；

S——轨道交通覆盖区域面积，km^2。

人均国内生产总值即人均 GDP，计算如式 (2－4) 所示：

$$g = G / P_P \tag{2-4}$$

式中：g——城市人均 GDP，万元/人；

G——城市国内生产总值，万元；

P_p——城市人口，人。

(2) 出行特征

交通出行特征影响因素的量化指标为人均出行次数、轨道交通出行占公共交通出行的比例，这两个指标可通过城市居民出行调查报告等统计资料获得。

人均出行次数计算如式 (2-5) 所示：

$$c = C/P_p \tag{2-5}$$

式中：c——城市人均出行次数，次/人；

C——城市居民出行总次数，次；

P_p——城市人口，人。

轨道交通出行占公共交通出行比例计算如式 (2-6) 所示：

$$r = R/T \tag{2-6}$$

式中：r——轨道交通出行比例；

R——轨道交通出行量，人次；

T——公共交通出行量，人次。

(3) 形态布局

形态布局影响因素的量化指标为中心城区比例和换乘便捷性指数。

①中心城区比例。

轨道交通线路中心城区比例、线网中心城区比例如式 (2-7)、式 (2-8) 所示：

$$h_i = t_i/l_i \tag{2-7}$$

$$H = \sum_{i=1}^{n} t_i / \sum_{T=1}^{n} l_i \tag{2-8}$$

式中：l_i——城市轨道交通线网第 i 条线路的长度，km；

t_i——城市轨道交通线网第 i 条线路的中心城区内里程，km；

h_i——城市轨道交通线网第 i 条线路的中心城区比例；

H——城市轨道交通线网的中心城区比例。

②换乘便捷性指数。

线网换乘便捷性可通过一条线路与线网中其他线路可直接换乘的站点数占线网总线路数的比例来表示。线网中某条线路可直接换乘的线路数，可根据线路间的换乘机会矩阵 $D_{m\times m}=(\lambda_{ij})$（表 2－3）计算。

表 2－3　线路间换乘机会矩阵

线路	1	2	…	j	…	m
1	0	λ_{12}	…	λ_{1j}	…	λ_{1m}
2	λ_{21}	0	…	λ_{2j}	…	λ_{2m}
⋮	⋮	⋮	…	⋮	…	⋮
i	λ_{i1}	λ_{i2}	…	λ_{ij}	…	λ_{im}
⋮	⋮	⋮	…	⋮	…	⋮
m	λ_{m1}	λ_{m2}	…	λ_{mj}	…	0

轨道交通线网换乘便捷性指数如式（2－9）至式（2－11）所示：

$$D_{m\times m}=(d_{ij}) \tag{2-9}$$

$$d_{ij}=\begin{cases}\lambda_{ij}, i\neq j\\ 0, i=j\end{cases}\quad i=1,2,\cdots,m;j=1,2,\cdots,m \tag{2-10}$$

$$K_n=\sum_{i=1}^{m}\sum_{j=1}^{m}d_{ij}/m \tag{2-11}$$

式中：K_n——线网换乘便捷性指数；

d_{ij}——线路 i 和线路 j 之间的换乘站点数，个；

λ_{ij}——线路 i 换乘到线路 j 的换乘站点数，个；

m——城市轨道交通线网线路数量，条。

显然，K_n越大，线网中线路之间的换乘机会越多，乘客可选择的出行路径越多，乘客的出行会更便捷。

线路换乘便捷性可通过一条线路与线网中其他线路可直接换乘的比例来表示。线网中某条线路可直接换乘的线路数，可根据线路间的换乘关系矩阵 $B_{m\times m}=(b_{ij})$（表 2－4）计算。

表 2－4　线路间换乘关系矩阵

线路	1	2	…	j	…	m
1	0	β_{12}	…	β_{1j}	…	β_{1m}
2	β_{21}	0	…	β_{2j}	…	β_{2m}
⋮	⋮	⋮	…	⋮	…	⋮
i	β_{i1}	β_{i2}	…	β_{ij}	…	β_{im}
⋮	⋮	⋮	…	⋮	…	⋮
m	β_{m1}	β_{m2}	…	β_{mj}	…	0

轨道交通第 i 条线路的线路换乘便捷性指数如式（2－12）至式（2－15）所示：

$$B_{m\times m}=(b_{ij}) \tag{2-12}$$

$$b_{ij}=\begin{cases}\beta_{ij},i\neq j\\0,i=j\end{cases}\quad i=1,2,\cdots,m;j=1,2,\cdots,m \tag{2-13}$$

$$\beta_{ij}=\begin{cases}1,\text{路线 } i \text{ 和线路 } j \text{ 可直接换乘}\\0,\text{线路 } i \text{ 和线路 } j \text{ 不可直接换乘}\end{cases} \tag{2-14}$$

$$i\neq j,i=1,2,\cdots,m;j=1,2,\cdots,m \tag{2-15}$$

式中：$B_{m\times m}$——线路换乘关系矩阵；

b_{ij}——线路 i 和线路 j 之间的换乘关系；

k_i——线网换乘便捷性指数；

β_{ij}——线路 i 换乘到线路 j 的换乘关系；

m——城市轨道交通线网线路数量，条。

显然，k_i 越大，线路 i 可直接换乘的线路数越多，乘客从线路 i 换乘到其他线路越便捷。

（4）服务水平

服务水平影响因素的量化指标为线网密度和旅行速度。其中，线网密度可用轨道交通覆盖区域内轨道交通里程与面积的比值求得，旅行速度指列车在区段内运行，包括在中间站停站时间及起停车附加时间在内的平均速度，计算如式（2－16）、式（2－17）所示：

$$\sigma = \sum_{i=1}^{n} l_i / S \tag{2-16}$$

式中：l_i——城市轨道交通线网第 i 条线路的长度，km；

S——城市轨道交通线网覆盖区域面积，km^2；

σ——城市轨道交通线网密度，km/km^2；

$$v_i = l_i / t_i \tag{2-17}$$

式中：v_i——第 i 条轨道交通线路旅行速度，km/h；

l_i——第 i 条轨道交通线路里程，km；

t_i——第 i 条轨道交通线路单向全程运行时间，h。

（5）运输能力

运输能力影响因素的量化指标为列车定员、发车间隔和列车编组。城市轨道交通系统的运输能力是指某条线路上，单方向 1h 内所能输送的乘客数量。运输能力可分为设计能力和可用能力，设计能力相当于理论最大能力，实际工作中一般更多地采用与服务水平关联的可用能力。即：

$$U = u_{\text{line}} \cdot f \cdot u_{\text{vehicle}} \cdot \alpha \tag{2-18}$$

式中：U——线路每小时运输能力，人；

u_{line}——线路通过能力，即每小时通过的列车数，辆；

$u_{vehicle}$——车辆定员数，人；

f——列车编组辆数，辆；

α——高峰客流发散系数，一般取0.70～0.95。

由上式可知，在线路通过能力即列车对数一定的条件下，决定运输能力的主要因素是车辆定员数和列车编组数量。本书将车辆定员、列车编组和发车间隔作为运输能力的量化指标。

2.2.2　灰色关联分析法

灰色关联分析是一种新的因素分析方法，它采用量化方法来获得灰色关联度，并以此作为区分系统变量间关系的密切程度（或影响大小）的根据，其中变量间的关系表现为主要因素、次要因素、一般因素等。

用于系统分析的常规数理统计方法主要有方差分析、主成分分析、回归分析等，但上述方法往往要求数据量较大，数据特征分布明显，而且计算量大，一般需计算机辅助计算，可能出现量化结果与定性分析不符的现象。相对来说，灰色关联度分析所需数据较少，对数据的要求较低，可弥补上述不足。具体步骤如下。

（1）根据评价目的确定评价指标体系

设 m 个数据序列形成如下矩阵：

$$(X_0, X_1, \cdots, X_m) \begin{pmatrix} x_0(1) & x_1(1) & \cdots & x_m(1) \\ x_0(2) & x_1(2) & \cdots & x_m(2) \\ \vdots & \vdots & & \vdots \\ x_0(n) & x_1(n) & \cdots & x_m(n) \end{pmatrix} \tag{2-19}$$

其中 m 为指标个数，n 为数据个数，反映系统行为特征的数据序列为参考序列，记为 $x_0=[x_0(1), x_0(2), \cdots, x_0(n)]^T$，影响系统行为的因素组成的数据序列为比较序列，记为 $x_i=[x_i(1), x_i(2), \cdots, x_i(n)]^T$，$i=1, 2, 3, \cdots, m$。

（2）指标值的无量纲化处理

因各因素计量单位不同，原始数据在量纲和数量级上存在差异，不同量纲和数量级比较时难以得出正确结论。因此，在计算关联度之前，需对原始数据做无量纲化处理。即先分别求出各个原始序列的平均数，再用序列的所有数据除以该序列的平均数，就得到一个各个数据相对于其平均数的倍数序列，即均值化序列。一般说来，均值化方法比较适合于没有明显下降趋势现象的数据处理。

（3）计算灰色关联系数

设经过数据处理后的参考序列为：

$$x'_0=[x'_0(1), x'_0(2), \cdots, x'_0(n)]^T \tag{2-20}$$

与参考序列作关联程度比较的 m 个序列（常称为比较序列）为：

$$x'_0=[x'_0(1), x'_i(2), \cdots, x'_i(n)]^T, i=1,2,3,\cdots,m \tag{2-21}$$

从几何角度看，关联程度实质上是参考序列与比较序列曲线形状的相似程度。比较序列与参考序列的曲线形状接近，则两者间的关联度较大；反之，如果曲线形状相差较大，则两者间的关联度较小。因此，可用曲线间的差值大小作为关联度的衡量标准。

将第 k 个比较序列（$k=1, 2, \cdots, m$）各期的数值与参考序列对应期的差值的绝对值记为：

$$\Delta_i(k)=|x'_0(k)-x'_i(k)|, \Delta_i=[\Delta_i(1), \Delta_i(2), \cdots, \Delta_i(m)] \tag{2-22}$$

对于所有 m 个比较序列，M 和 m 是绝对差值中的最小者和最大者，记为：

$$M = \max_i \max_k \Delta_i(k) \tag{2-23}$$

$$m = \min_i \min_k \Delta_i(k) \tag{2-24}$$

于是，对于第 k 个比较序列与参考序列的关联程度可以通过下式计算：

$$\gamma_{0i}(k) = \frac{m + \xi M}{\Delta_i(k) + \xi M}, \xi \in (0,1), k = 1,2,\cdots,n \tag{2-25}$$

式中，ζ 为分辩系数，用来削弱 M 过大而使关联系数失真的影响。人为引入这个系数是为了提高关联系数之间的差异显著性。

（4）计算灰色关联度

关联系数是比较序列与参考序列在各时刻（即曲线中各点）的关联程度值，该值不止一个，且信息过于分散不便于进行整体性比较。因此，需将各时刻（曲线中各点）的关联系数集中为一个值，即求其平均值，作为比较序列与参考序列间关联程度量化表示，关联度公式如下：

$$\gamma_{0i} = \frac{1}{n}\sum_{k=1}^{n}\gamma_{0i}(k), i = 1,2,\cdots,m \tag{2-26}$$

（5）关联度排序

关联度是指对于影响系统的因素，其随时间或不同对象而变化的关联性大小的量度[129]。其数值的绝对大小意义不大，关键是反映各个比较序列与同一参考序列的关联度大小的排序。将关联度按其数值的大小顺序排列，便组成关联序，它反映了各比较序列对于同一参考序列的影响程度。

2.2.3 案例分析

以下将北京、上海、广州、东京、伦敦、巴黎、莫斯科 7 个城市的轨道交通相关统计数据作为参照，在对城市轨道交通客流强度影响因素分析及其分析指标选择的基础上，对于不能用统计数据及指标直接反映系统影响因素的分析指标，采用了间接表征系统行为特征的映射数据，具体分析指标见表 2－5。

表 2－5　城市轨道交通客流强度影响因素分析指标

	一层影响因素	二层影响因素	分析指标
轨道 交通 线网 客流 强度	社会经济 出行特征 形态布局 服务水平	人口密度 人均 GDP 人均出行次数 轨道交通出行比例 中心城区比例 换乘便捷性 线网密度	人口密度 人均 GDP 人均出行次数 轨道交通出行比例 中心城区比例 线网换乘便捷性指数 线网密度
轨道 交通 线路 客流 强度	形态布局 服务水平 运输能力	中心城区比例 换乘便捷性 旅行速度 车辆定员 列车编组 发车间隔	中心城区比例 线路换乘便捷性指数 旅行速度 车辆定员 列车编组 高峰期发车间隔

基于灰色关联层次分析模型的城市轨道交通客流强度影响因素分析，首先要确定模型中参考序列和比较序列的取值。灰色关联层次分析中的参考序列为轨道交通各线路的客流强度值，比较序列采用指标序列，研究各指标的变化对客流强度的影响来确定影响因素之间的关联程度。

据表 2－5 中轨道交通线网和线路客流强度的影响因素分析指标，

参考序列和比较序列中的统计指标和取值见表 2－6 和表 2－7。

表 2－6 城市轨道交通线网客流强度影响因素分析指标取值

城市	客流强度*	人口密度*	人均GDP*	人均出行次数*	轨道交通出行比例*	线网密度*	中心城区比例*	线网换乘便捷性指数*
东京	2.90	1.45	4.53	2.40	86.00	0.49	74.56	19.20
莫斯科	2.20	2.90	4.54	2.20	56.20	0.30	21.45	8.20
广州	2.16	1.90	1.28	2.30	32.30	0.43	43.70	3.52
巴黎	1.57	2.10	5.88	3.40	41.50	0.58	81.65	16.40
北京	1.52	1.58	1.72	2.47	40.10	0.41	40.44	5.24
上海	1.50	1.45	1.75	2.21	43.20	0.64	46.08	8.81
伦敦	0.89	0.71	6.14	2.73	51.30	1.04	22.88	18.03

注：* 各影响因素量化指标的单位分别为万人次/（km · 日）、人/km^2、万美元/人、次/日、%、km/km^2、%、无量纲，数据来源于文献[2,3,120—123]，Keyhole Database，数据统计年份与表 2－1 相同。

根据国内外城市轨道交通历年统计数据，作为参考序列的城市轨道交通各线路客流强度通过统计资料直接获得；比较序列中涉及的指标取值，通过查阅城市轨道交通设计标准、列车运营时刻表、交通统计年报及既有文献研究确定。

表 2－7 城市轨道交通线路客流强度影响因素分析指标取值

线路	客流强度*	中心城区比例*	线路换乘便捷性指数*	旅行速度*	车辆定员*	列车编组*	发车间隔*
北京地铁1号线	4.20	41.60	0.33	33.82	240.00	6.00	2.00
北京地铁2号线	5.10	100.00	0.47	31.02	240.00	6.00	2.00
北京地铁13号线	1.60	20.20	0.53	46.73	240.00	6.00	2.60
北京地铁房山线	0.12	0.00	0.07	52.00	240.00	6.00	3.00
上海地铁4号线	2.00	100.00	0.83	35.14	310.00	6.00	5.00
上海地铁10号线	1.40	50.20	0.50	29.21	310.00	6.00	5.00
上海地铁9号线	1.20	37.50	0.67	34.20	310.00	6.00	3.50
上海地铁5号线	0.70	0.00	0.08	39.69	293.00	4.00	4.50
广州地铁1号线	5.80	100.00	0.63	34.69	240.00	6.00	2.00
广州地铁5号线	2.40	81.20	0.50	38.13	220.00	6.00	4.60
广州地铁3号线	1.90	28.30	0.63	57.35	240.00	6.00	4.60
东京银座线	5.00	100.00	0.58	27.30	180.00	6.00	3.00
东京丸之内线	3.10	67.50	0.75	29.20	230.00	6.00	5.30
东京有乐町线	2.40	67.10	0.83	33.20	240.00	8.00	5.00

续 表

线路	客流强度*	中心城区比例*	线路换乘便捷性指数*	旅行速度*	车辆定员*	列车编组*	发车间隔*
东京副都心线	1.70	49.00	0.83	31.90	240.00	10.00	7.30
伦敦 Bakerloo 线	1.20	32.80	0.91	38.00	185.00	7.00	3.40
伦敦 central 线	0.90	11.90	1.00	33.00	185.00	8.00	8.00
伦敦 Piccadilly 线	0.80	22.80	0.73	34.00	200.00	6.00	3.90
巴黎地铁 4 号线	3.50	100.00	1.00	30.00	120.00	6.00	2.00
巴黎地铁 5 号线	1.70	70.60	0.77	28.00	160.00	5.00	3.50
巴黎地铁 1 号线	3.50	69.00	0.85	24.00	120.00	6.00	5.00
巴黎地铁 8 号线	1.40	65.80	0.92	25.00	115.00	5.00	4.00

注：* 各影响因素量化指标的单位分别为万人次/（km · 日）、%、无量纲、km/h、人/车、辆、min。各城市数据对应年份：北京（2012 年）、上海（2012 年）、广州（2012 年）、伦敦（2012 年）、巴黎（2012 年）、2010 年（东京）、莫斯科（2011 年）。数据根据文献[2,3,120—123]及 Keyhole Database 整理得到。

根据城市轨道交通客流强度影响因素的灰色关联层次分析计算，城市轨道交通客流强度影响因素及灰色关联度定义如下：

γ（X_{ij}）表示上层因素与其下层因素的灰色关联度，i 表示灰色关联层次分析模型中的层次数，j 表示在第 i 层中的客流强度影响因素的个数序号。

X_{11}表示城市社会经济，X_{12}表示出行特征，X_{12}表示形态布局，X_{14}表示形态布局，X_{15}表示运输能力；

X_{21}表示人口密度，X_{22}表示人均GDP，X_{23}表示人均出行次数，X_{24}表示轨道交通出行比例，X_{25}表示中心城区比例，X_{26}表示换乘便捷性，X_{27}表示线网密度，X_{28}表示旅行速度，X_{29}表示车辆定员，X_{210}表示列车编组，X_{211}表示发车间隔。

轨道交通客流强度影响因素重要程度是指系统内部不同影响因素对客流强度值影响的大小。某个指标的改变对客流强度的影响程度越大，该指标的重要程度就越高。

灰色关联分析方法就是根据因素之间发展变化态势的相似或相异程度来衡量因素间接近的程度，相关程度的大小用灰色关联度度量，基于指标序列的灰色关联度分析，关联度值表示各因素对客流强度影响程度的大小。

根据上述灰色关联层次模型及相关指标数据，对城市轨道交通客流强度影响因素灰色关联度进行计算，图2-2至图2-6给出了相关结果。

(1) 城市轨道交通线网客流强度一层影响因素的灰色关联度

线网客流强度一层影响因素的灰色关联度矩阵R_{n1}可定义如下：

R_{n1}（线网客流强度一层影响因素）＝

$$\begin{pmatrix} \gamma(X_{11}) & \gamma(X_{12}) & \gamma(X_{13}) & \gamma(X_{14}) \\ 0.69 & 0.76 & 0.62 & 0.71 \end{pmatrix}$$

从图2-2及关联度矩阵R_{n1}中可以看出，城市轨道交通线网客流强度的影响因素中，灰色关联度由大至小分别为：交通出行特征、形态布局、社会经济、服务水平，其影响程度分别为：0.76，0.72，0.69，0.62，即线网覆盖区域交通出行特征和线网形态布局对轨道交通线网客流强度的影响程度最为明显，服务水平的影响程度较小。

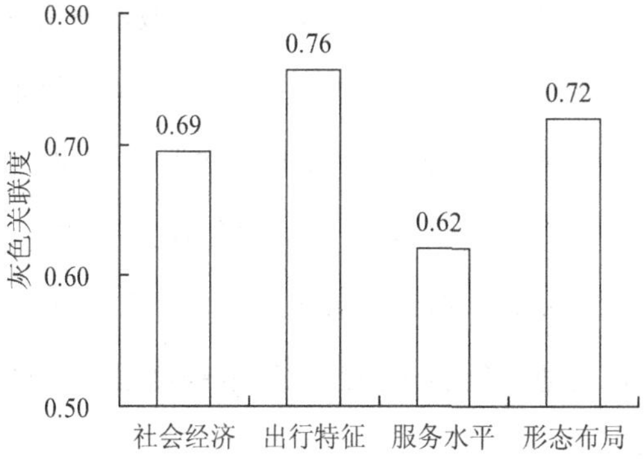

图 2－2　城市轨道交通线网客流强度一层影响因素的灰色关联度

（2）城市轨道交通线网客流强度二层影响因素的灰色关联度

线网客流强度二层影响因素分析指标的灰色关联度矩阵 R_{n2} 可定义如下：

R_{n2}（线网客流强度二层影响因素分析指标）＝

$$\begin{pmatrix} \gamma(X_{31}) & \gamma(X_{32}) & \gamma(X_{33}) & \gamma(X_{34})\cdots \\ 0.78 & 0.61 & 0.69 & 0.82\cdots \\ \cdots\gamma(X_{35}) & \gamma(X_{37}) & \gamma(X_{38}) & \\ \cdots 0.62 & 0.78 & 0.66 & \end{pmatrix}$$

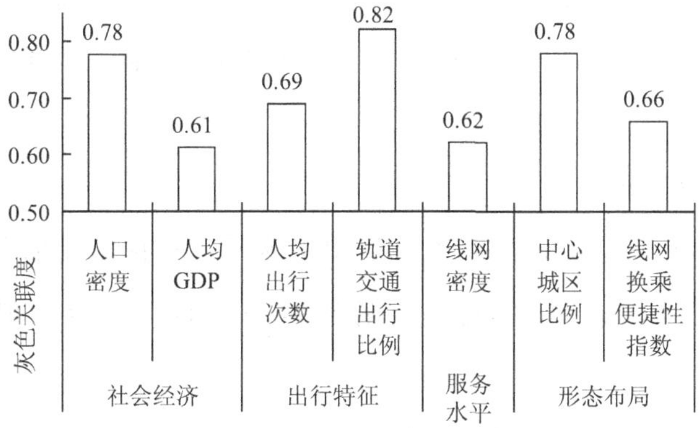

图 2－3　城市轨道交通线网客流强度二层影响因素的灰色关联度

从图 2-3 及关联度矩阵 R_{n2} 中可以看出，城市轨道交通线网客流强度的二层影响因素中，灰色关联度由大至小分别为轨道交通出行比例、中心城区比例、人口密度、人均出行次数、线网换乘便捷性指数、线网密度和人均 GDP，其灰色关联度分别为 0.82，0.78，0.78，0.69，0.65，0.62，0.61，即线网覆盖范围内轨道交通出行比例和中心城区比例对轨道交通线网客流强度的影响程度最为明显，人均 GDP 的影响程度较小。

根据各因素与轨道交通线网客流强度灰色关联度的大小，将其分为三类，分别为：显著影响因素，其灰色关联度为大于等于 0.70；重要影响因素，其灰色关联度为 [0.65，0.70)；一般影响因素，其灰色关联度为 [0.50，0.65)；轻微影响因素，其灰色关联度小于 0.50。根据此分类方法可以得到以下结论：

①显著影响因素。

轨道交通线网覆盖范围内轨道交通出行比例、人口密度以及线网中心城区比例，其灰色关联度均超过 0.70，对客流强度的影响程度最高，为显著影响因素。

②重要影响因素。

轨道交通线网覆盖范围内人均出行次数、线网换乘便捷指数的灰色关联度为 0.69，0.66，对客流强度的影响程度较高，为重要影响因素。

③一般影响因素。

轨道交通线网覆盖范围内人均 GDP 水平、线网密度的灰色关联度均低于 0.65，对客流强度的影响程度较低，为一般影响因素。

(3) 城市轨道交通线路客流强度一层影响因素的灰色关联度

线路客流强度一层影响因素的灰色关联度矩阵 R_{l1} 定义如下：

$$R_{l1}\text{（线路客流强度一层影响因素）}=\begin{pmatrix}\gamma(X_{13}) & \gamma(X_{14}) & \gamma(X_{15})\\ 0.73 & 0.64 & 0.66\end{pmatrix}$$

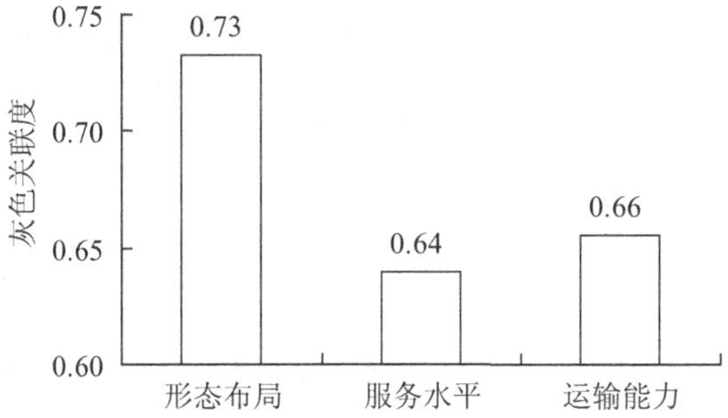

图 2－4　城市轨道交通线路客流强度一层影响因素的灰色关联度

从图 2－4 及关联度矩阵 R_{l1} 中可以看出，城市轨道交通线路客流强度的影响因素中，灰色关联度由大至小分别为：形态布局、服务水平、运输能力，其影响程度分别为 0.73，0.65，0.66，即线路形态布局和运输能力对轨道交通线网客流强度的影响程度较为明显，服务水平的影响程度较小。

（4）城市轨道交通线路客流强度二层影响因素的灰色关联度

线路客流强度二层影响因素的灰色关联度矩阵 R_{l2} 定义如下：

$$R_{l2}\text{（线路层面各影响因素）}=\begin{pmatrix}\gamma(X_{25}) & \gamma(X_{26}) & \gamma(X_{28}) & \gamma(X_{29})\cdots\\ 0.77 & 0.70 & 0.64 & 0.66\cdots\\ \cdots\gamma(X_{210}) & \gamma(X_{211}) & & \\ \cdots 0.68 & 0.63 & & \end{pmatrix}$$

从图 2－5 及关联度矩阵 R_{l2} 中可以看出，城市轨道交通线路客流强度的二层影响因素中，灰色关联度由大至小分别为中心城区比例、线路换乘便捷性指数、列车编组、车辆定员、旅行速度、发车间隔，其灰色关联度分别为 0.77，0.70，0.68，0.66，0.64，0.63，即线路覆盖范围内轨道交通中心城区比例、线路换

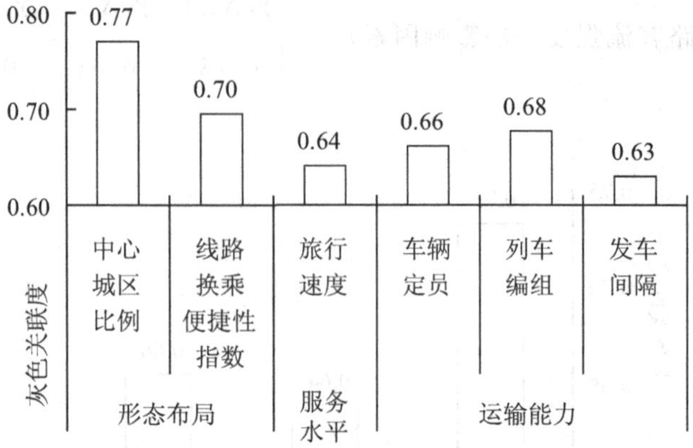

图 2－5　城市轨道交通线路客流强度二层影响因素的灰色关联度

乘便捷性指数对轨道交通线路客流强度的影响程度较为明显，发车间隔的影响程度较小。

根据各因素与轨道交通线路客流强度灰色关联度的大小，将其分为三类，分别为：显著影响因素，其灰色关联度为大于等于 0.70；重要影响因素，其灰色关联度为［0.65，0.70)；一般影响因素，其灰色关联度为［0.50，0.65)；轻微影响因素，其灰色关联度小于 0.50。根据此分类方法可以得到以下结论。

①显著影响因素。

轨道交通线路中心城区比例和线路换乘便捷性指数，其灰色关联度均超过 0.70，对客流强度的影响程度最高，为显著影响因素。

②重要影响因素。

轨道交通线路列车编组和车辆定员的灰色关联度为 0.69，0.66，对客流强度的影响程度较高，为重要影响因素。

③一般影响因素。

轨道交通线路旅行速度、发车间隔的灰色关联度均低于 0.65，对客流强度的影响程度较低，为一般影响因素。

从上述分析可以看出，对于线网客流强度和线路客流强度，交通出行特征和线路形态布局均是灰色关联度较高的影响因素，其中线路形态布局的下层影响因素换乘便捷性也均为重要影响因素，这反映了轨道交通网络化运营条件下，线网和线路换乘便捷性已成为系统发挥网络效应和规模效应的重要影响因素。

以下分别分析不同换乘便捷性条件下轨道交通客流强度的变化规律。

a. 线网客流强度。

不同轨道交通规模和人口密度条件下，线网客流强度随线网换乘便捷性指数的变化规律如图 2－6 所示。

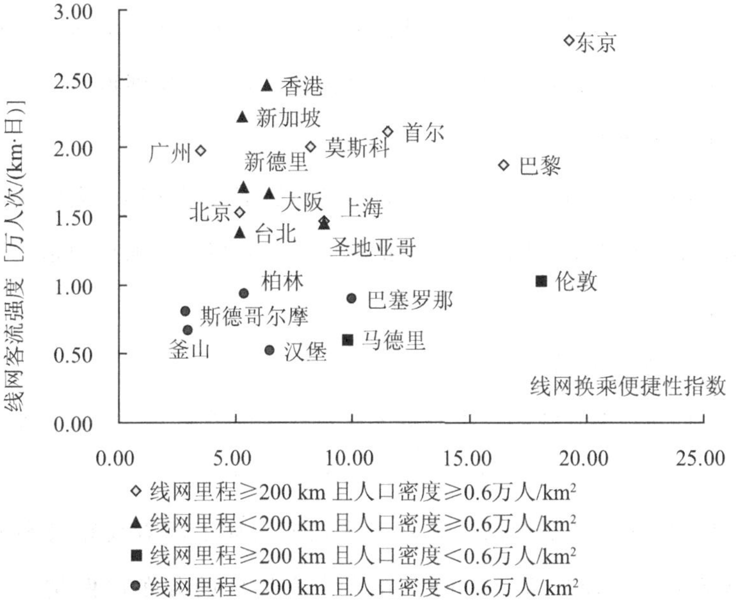

图 2－6　不同里程和人口密度下城市轨道交通线网客流强度随线网换乘便捷性指数的变化规律

从图 2－6 可以看出，线网客流强度大体上随着线网换乘便捷性指数的升高而增大，同时人口密度≥0.6 万人/km^2 的轨道交通线网客流强度均值高于人口密度＜0.6 万人/km^2 的轨道交通线网，这与 2.2.2 中线网客流强度影响因素灰色关联度分析的结果是一致的。

当轨道交通规模达到 200 km 以上且人口密度超过 0.6 万人/km^{2}时，线网客流强度的升高幅度最大，增长速度最快；轨道交通覆盖区域的人口密度低于 0.6 万人/km^{2}时，线网客流强度的增长幅度较为平缓，但是仍呈现出明显的上升趋势；当轨道交通里程小于 200 km 且人口密度超过 0.6 万人/km^{2}时，线网客流强度强度的增长趋势不是非常明显，这与图中对应的 6 个城市关于城市轨道交通的运营模式有关，这些城市均采用了高运量低规模的运营模式，政府对地铁运营的补贴力度较大，轨道交通出行的比例较高，特别是香港和新加坡，这两个城市均拥有世界上最为发达高效的公共交通系统，同时非常注重轨道交通的换乘设计，因此其线网客流强度较高，随线网换乘便捷性指数的增长幅度也较大。

国内城市人口密度较高，在进行城市轨道交通线网规划时要充分考虑换乘便捷性对线网客流强度的影响作用，以提高城市轨道交通的运营效率。

b. 线路客流强度。

不同轨道交通线路在中心城区分布的比例条件下，线路客流强度随线路换乘便捷性指数的变化规律如图 2－7 所示。

从图 2－7 可以看出，线路客流强度大体上随着线路换乘便捷性指数的升高而增大，同时线路在中心城区的分布比例越高，线路客流强度均值越高，线路客流强度的增长速度也越快，即线路换乘便捷性对线路客流强度的拉动作用越大，这与 2.2.2 中线路客流强度影响因素灰色关联度分析的结果是一致的。

当线路在中心城区的分布比例达到 50％以上时，线网客流强度的升高幅度较大，增长速度也较快；线路在中心城区的分布比例低

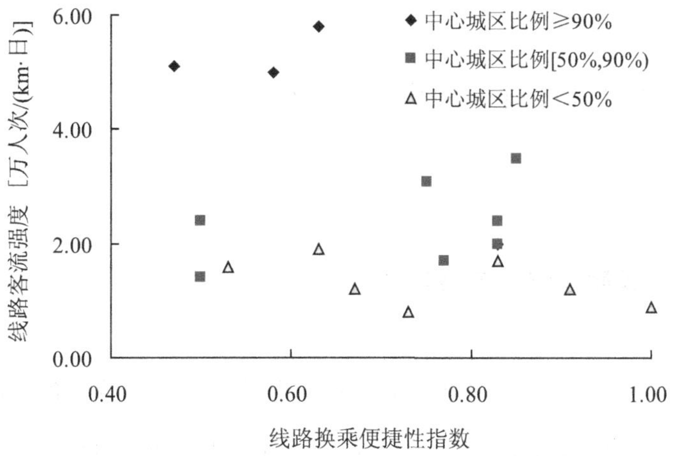

图 2－7　不同线路布局下城市轨道交通线路客流强度随线网换乘便捷性指数的变化规律

于50％时，线路客流强度的变化呈小幅波动状态，线路换乘便捷性对线路客流强度的拉动作用不是非常明显，这与线路在中心城区的分布比例较低、线路本身沿线的人口密度较小、吸引的客流量较少有关。

国内多座城市已进入轨道交通网络化运营阶段，在线路布设时需要重点考虑换乘便捷性对线路客流强度的拉动作用，特别是在中心城区分布比例较大的线路，增加此类线路与线网中其他线路的换乘机会，将有效提高线路本身和线网的客流强度水平。

2.3 客流强度特征分析

2.3.1 线网客流强度特征分析

表 2－8 从网络角度出发，根据部分统计资料归纳整理了国内外部分大城市轨道交通系统的主要运营指标，主要包括市区面积、总线路数、运营里程、网络日客运量以及网络客流强度等。

表 2－8 世界部分城市轨道交通线网运营指标

城市	客流强度/［万人次/(km·日)］	市区面积/km^2	线路数/条	地铁里程/km	日客运量/万人次	城市轨道交通占公交比例/%
东京	2.9	622	13	291	847.3	86.0
莫斯科	2.2	1 081	12	303	665.1	56.2
广州	2.2	1 060	8	235	507.1	32.3
巴黎	1.6	2 845	14	214	411.9	41.5
北京	1.5	1 085	16	443	941.0	40.1
上海	1.5	2 644	12	423	620.9	43.2
纽约	1.2	634	26	433	453.3	51.3
伦敦	0.9	1 572	12	291	415.5	70.1

注：数据分别为东京（2011 年）、莫斯科（2011 年）、巴黎（2012 年）、伦敦（2010 年）、北京（2012 年）、上海（2012 年）、广州（2012 年）。北京地铁 6 号线一期，9 号线北段于 2012 年 12 月 30 日起开始试运营，统计日均客运量时未包含该线路；上海统计数据不含磁悬浮和有轨电车；上海地铁 13 号线于 2012 年年底试运营，统计客流强度时未包含该线路。数据来源于文献[2,3,120—123]及 Keyhole Database。

从表 2－8 可以看出，东京、莫斯科与广州的城市轨道交通线网客流强度均超过了 2.0 万人次/(km·日)，伦敦、纽约在 1.5 万人次/(km·日) 以下。

与西方国家部分国际化大都市相比，尽管国内北京、上海、广州等城市轨道交通里程和日均客运量已达到较高水平，但是轨道交通在中心城区公共交通出行中所占比例平均为 38.5%，远远低于国外平均水平 61.0%。这一差距可能有两方面的原因：一是我国多数城市轨道交通的线路分布范围比较发散，中心城区城市轨道交通网络密度偏低；二是我国各大城市对中心城区个人机动车行驶的管理政策过于宽松，中心城区出行中小汽车出行比例过高[130]。

总的来看，我国城市的城市交通结构，尤其是中心城区的交通结构有待进一步优化。

在全球有轨道交通的城市中，我国内地多数城市客流强度总体处于较高水平，这得力于网络规划中的高运量、低密度的指导思想，也与我国城市人口密度较高有关[130]。不过，过高的客流强度意味着过高的负荷与较低的服务水平，不利于提高公交的整体吸引力、降低城市公共交通的拥挤。

图 2－8 描述了 2000～2012 年以来北京城市轨道交通线网客流强度的历史演变。根据线网客流强度可将北京市城市轨道交通系统体现网络化运营特征的基本过程分为 3 个阶段[7]。

（1）第 1 阶段

第 1 阶段为 2000～2003 年，在大规模路网建设前，线网客流强度保持在 1.3 万～2.5 万人次/(km·日)，而且由于没有新线的加入，以及 1999 年票价涨为 3 元，客流强度增长缓慢。

（2）第 2 阶段

第 2 阶段为 2004～2006 年，13 号线和八通线开通，轨道交通网络密度增大，客流吸引力增强，客流强度呈上升趋势。

(3) 第3阶段

第3阶段为2007～2012年，随着5号线、4号线以及10号线等跨中心城区的新线开通，城市轨道交通进入网络化运营阶段，客流强度在1.7万人次/(km·日) 附近小幅波动。

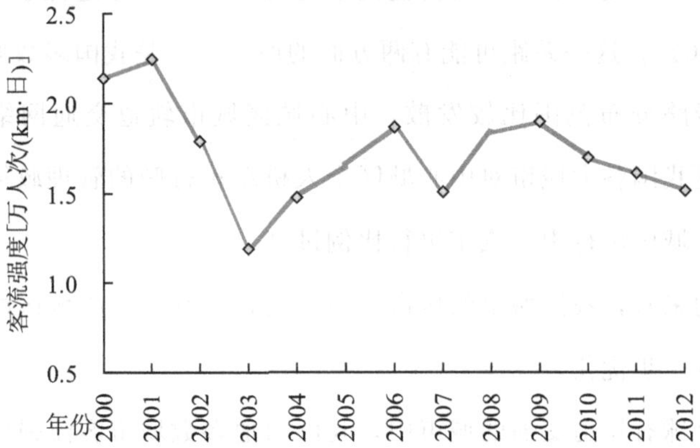

图2－8 北京市（2000～2012年）轨道交通客流强度

为进一步分析线路客流强度变化的规律，本书调研分析了北京市2000～2012年14条线路客运量增长的实际统计数据。图2－9描述了该时间段内各线路客流强度的历史演变情况。

根据北京市上述14条轨道交通线路的具体地理位置及客流演变情况，可以将它们分为以下4类。

第1类：位于土地开发比较充分的中心城区的线路，如1号线和2号线，建设时间早，周边土地开发基本完成，其客流强度稳居前两位，且随着城市社会经济的发展保持稳步增长态势。

第2类：连接新城且跨越中心城区的线路，主要包括5号线、4号线和10号线，这类线路的客流强度虽然没有1号线或2号线高，但是其客流强度随着网络规模的不断扩大总体处于较快增长状态。

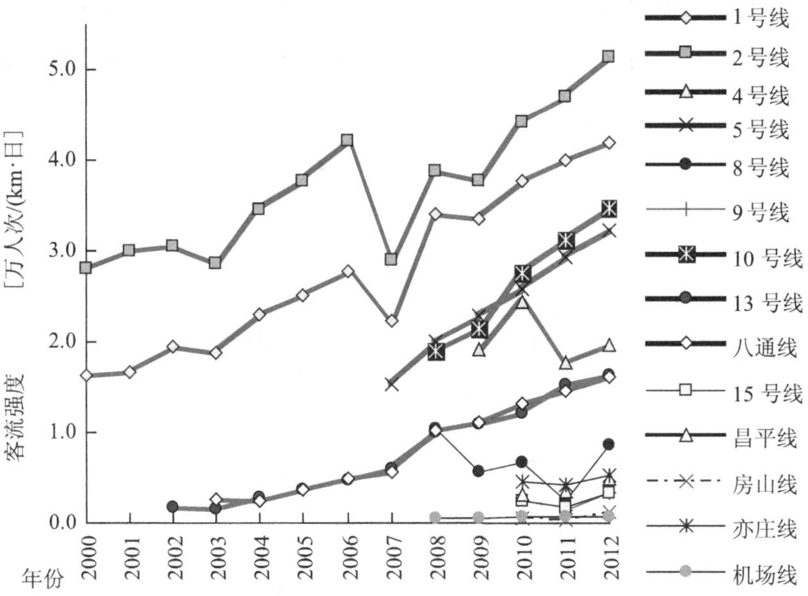

图 2－9 北京市轨道线路年均客流强度（2000～2011 年）

第 3 类：连接市郊大型居住区（包括郊区组团或卫星城）的半径线，包括 13 号线和八通线。这类线路沿线土地开发水平不均衡，其客流强度较小，且增长速度较慢。

第 4 类：以服务郊区为主要功能的线路，包括 15 号线、亦庄线等。这些线路多数位于郊区，连接部分市郊居住区，开通运营期较短，其客流处于培育期，客流强度相对较小。

2.3.2 线路客流强度特征分析

城市轨道交通线网结构复杂，不同类型的线路覆盖着发展水平不一的城市不同地区，对城市经济的发展和城市居民出行活动的支持功能也不相同。网络建设规模、线路走向和敷设方式以及首末车站所处的位置、公交衔接水平等，都直接影响着轨道交通客流强度。

根据轨道交通线路在城市中不同的功能定位和线路走向可划分为中心城区线、市区半径线、市区直径线和郊区线。不同类型线路的划分如图 2-10 所示。

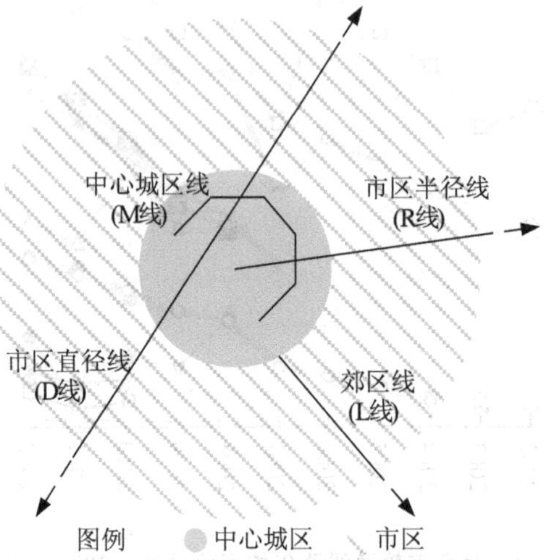

图 2-10　城市轨道交通线路类型示意图

如图 2-10 所示，阴影部分是中心城区范围，条纹填充区域是市区范围。其中全线位于中心城区的线路为中心城区线（M 线），线路端点一个位于中心城区、一个位于外围区的是市区半径线（R 线），线路穿越中心城区，同时两个端点位于外围区的是市区直径线（D 线），线路大部分落在外围区的是郊区线（L 线）。不同类型轨道交通线路的线路走向和功能定位见表 2-9。

表 2-9　城市轨道交通线路类型的划分

类型	区域位置	功能定位
中心城区线（M 线）	中心城区	联系城市中心城区客流集散点
市区半径线（R 线）	跨越市区—中心城区	加强某一方向的辐射
市区直径线（D 线）	跨越市区—中心城区—市区	加强城市外围区与中心城区的联系
郊区线（L 线）	中心城区外	建立新城与中心城区联系

从表 2－9 可以看出，不同类型轨道交通线路的位置走向不同，其功能定位也有较大区别。

(1) 中心城区线（M 线）

M 线的主要功能定位是加强城市中心区各客流集散点的交通周转能力，如轨道交通环线等。

(2) 市区半径线（R 线）

R 线跨越中心城区内外，线路一般起始于中心城区终止于郊区。市区半径线在中心城区内部、中心城区与郊区交界处一般会产生大量换乘客流。为加强城市某一方向的辐射发展时可设置 R 线。

(3) 市区直径线（D 线）

D 线跨越市区—中心城区—市区，主要功能定位是加强城市郊区与中心城区的联系。D 线一方面引导中心城区居住压力向外围区扩散，另一方面增加居民通勤、通学的便利性，减轻中心城区压力。

(4) 郊区线（L 线）

L 线全线主要位于中心城区之外的郊区，主要功能定位是建立新城与中心城区快速轨道交通的联系，分解中心城区人口压力，引导中心城区职能向郊区新城有机疏散。L 线一般呈放射状与中心城区边缘站点相连，衔接地点大多在城市边缘集团，衔接点有很高的换乘比例。

按照上述线路类型的划分方法，对伦敦、东京、纽约、巴黎、莫斯科和北京、上海、广州共 8 个城市的 110 条线路进行线路类型划分，并对其客流强度进行统计，见表 2－10。

可以看出，M 线与 D 线路客流强度较高，平均超过了 2.0 万人次/(km・日)。不同类型线路客流强度从大到小依次为：M 线、D 线、R 线和 L 线，即中心城区线客流强度最高，跨越市区—中心城区—市区的 D 线次之，跨越市区—中心城区的 R 线客流强度较低，主要位于郊区的 L 线客流强度最低。

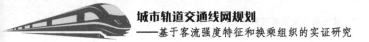

表 2-10　不同城市轨道交通线路客流强度

城市	里程/km	客流强度[万人次/(km·日)]	线路数量（条）					客流强度[万人次/(km·日)]			
			总数	M线	R线	D线	L线	M线	R线	D线	L线
东京	291.3	2.9	13	2	7	4	—	4.3	2.3	3.1	—
莫斯科	303.0	2.2	12	1	3	6	2	2.8	1.6	2.3	1.6
广州	235.0	2.2	8	3	3	2	—	3.3	1.1	2.6	—
巴黎	214.0	1.9	14	4	4	6	—	2.4	1.5	2.0	—
北京	442.0	1.5	15	2	6	2	5	4.4	1.7	3.6	0.8
上海	423.0	1.5	12	1	2	7	1	2.0	0.9	1.6	0.7
纽约	634.0	1.2	13	1	6	5	1	2.0	0.7	1.2	0.1
伦敦	433.0	1.0	11	1	3	7	—	1.5	0.7	1.1	—
平均	—	1.9	—	—	—	—	—	2.8	1.3	2.2	0.8

注：数据分别为东京（2011 年）、莫斯科（2011 年）、巴黎（2012 年）、伦敦（2010 年）、北京（2012 年）、上海（2012 年）、广州（2012 年）。北京地铁 6 号线一期，9 号线北段于 2012 年 12 月 30 日起开始试运营，统计日均客运量时未包含该线路；上海统计数据不含磁悬浮和有轨电车；上海地铁 13 号线于 2012 年年底试运营，统计客流强度时未包含该线路。数据来源于文献[2,3,120—123]及 Keyhole Database。

表 2-11 以国内北京、上海、广州 31 条线路为对象，分析了不同类型线路经过外围区、中心城区不同区段客流强度空间分布。

表 2－11　轨道交通线路客流强度空间分布特征

线路类型	线路数/条	客流强度［万人次/（km·日）］		
		中心城区段	外围区段	全线
M 线	4	2.9	—	2.9
R 线	7	3.5	0.7	0.8
D 线	9	4.6	1.7	1.7
L 线	11	—	0.9	0.9
平均值	—	3.5	1.1	1.7

从表 2－11 可以看出，不同类型线路在空间分布上具有明显不均衡性，中心城区段的客流强度与外围区段相差较大。以 D 线为例，线路中心城区段的客流强度是外围区段的 3.2 倍，并达到全线平均客流强度的 2.0 倍以上。

表 2－12 给出了本书对全球客流强度值超过 3.0 万人次/（km·日）的部分线路的统计分析结果。

表 2－12　客流强度超过 3.0 万人次/（km·日）的线路结构及客流分析

城市	线路名称	线路长度/km	客流强度［万人次/（km·日）］	线路类型	分段长度/km		中心城区段长度比例/%
					中心城区段	外围区段	
北京	2 号线	23.1	6.1	M 线	23.1	—	100.0
广州	1 号线	18.5	5.8	M 线	18.5	—	100.0
东京	银座线	14.3	5.0	M 线	14.3	—	100.0
北京	1 号线	31.1	4.5	D 线	18.4	12.7	59.2

续 表

城市	线路名称	线路长度/km	客流强度[万人次/(km·日)]	线路类型	分段长度/km		中心城区段长度比例/%
					中心城区段	外围区段	
东京	日比谷线	20.3	4.2	M线	20.3	—	100.0
东京	半藏门线	16.8	3.7	R线	12.3	4.5	73.2
东京	千代田线	24.0	3.7	D线	19.6	4.4	81.7
广州	8号线	15.0	3.6	M线	15.0	—	100.0
北京	5号线	27.6	3.6	R线	17.7	9.9	64.1
巴黎	1号线	16.6	3.5	D线	11.5	5.1	69.0
巴黎	4号线	12.1	3.5	M线	12.1	—	100.0
广州	2号线	31.8	3.4	D线	13.8	18.0	43.4
东京	浅草线	18.3	3.3	D线	14.3	4.0	78.1
东京	丸之内线	27.4	3.1	R线	18.5	8.9	67.5
平均	—	21.2	4.1	—	16.4	8.4	81.2

注：本表数据根据文献[2,3,120—123]及 Keyhole Database 整理得到。

从表 2-12 可以看出，客流强度超过 3.0 万人次/(km·日）的线路长度平均为 21.2 km，多数在 30.0 km 以下，这些线路位于中心城区部分的比例达到 81.2%。

国内城市中，客流强度位于较高水平的有北京的地铁1号和2号线与广州的地铁1号和8号线，它们基本上全线均位于中心城区或主干走廊上。北京地铁5号线与广州地铁2号线稍长，它们都连接着中心城区与市郊大型居住中心（类似卫星城），沿线所经地区具有极好的客流环境。

根据客流强度的大小，对伦敦、巴黎、纽约、东京、莫斯科、北京、上海、广州等城市轨道交通线路的客流强度进行了结构分类，如图2-11所示。

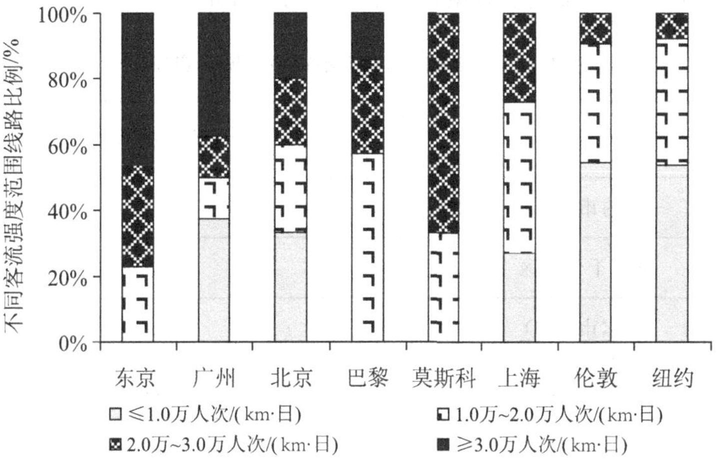

图2-11　轨道交通客流强度分布情况

可以看出，东京、广州、北京超过3.0万人次/(km·日）的线路较多，广州部分线路客流强度较低，与这些线路开通运营时间较短、客流处于培育期有关。伦敦的线路客流强度较低，与其网络高密度特点是分不开的。

总的来看，国外各城市客流强度超过2.0万人次/(km·日）的线路约占40.6%，国内城市轨道交通网络化运营水平较高的北京、上海、广州三城市分别为40.0%，27.3%，50.0%。

总体上，大容量的城市轨道交通无疑是城市公交网络的骨架，但不同线路客流强度仍存在一定差异，这直接影响着线路建设规模及设备选型。因此，在城市轨道线网规划与建设过程中，不同线路的能力与功能应有恰当定位。通过上述分析，可以得到以下结论。

第一，城市人口与人口密度对公交发展具有决定作用，城市轨道交通线路经由地区应该有较高的容积率作为支撑。高水平的中心城区人口密度是发展公交的重要基础。

部分大都市中心城区容积率见表2－13。可以看出，我国城市化发展迅速，不过，由于城市规划政策，中心城区容积率偏低；低的容积率给区域内公交发展政策带来了一定的不确定性。

表2－13　部分国际化大都市中心城区容积率

城市	平均容积率
纽约市CBD	14.6
东京千代田区	10.1
首尔市CBD	10.0
新加坡中心区	8.0～25.0
香港	6.0～10.0
上海市中心城区	＜6.0
北京朝阳CBD	4.2
北京金融街	3.9
北京市相关标准	1.0～3.5
深圳福田CBD	2.7

国外城市中心城区人口密度与国内城市相近，由于容积率较高，交通吸引（发生）点分布比较集中，所以大运量公共交通竞争力较强。因此，高密度的中心城区发展策略对坚定中心城区公交发展意

志、摈除私人交通发展杂念十分重要。

第二，城市轨道交通线路的客流强度是其功能定位的基础，而客流强度又关联于线路的经济与地理区位。

资料表明，全球客流强度在 3.0 万人次/(km·日) 的线路不到 20 条，占全球城市轨道交通线路的比例不到 3.0%，这些线路基本上位于城市中心区。我国大城市尽管有较好的人口基础，但并非多数线路都具有 3.0 及其以上客流强度的潜力。对多数大城市来说，轨道交通成网并进入运营成熟期后客流强度达到 2.0 及其以上的线路数量一般难以超过全网的 40%。因此，做好不同交通走廊内线路的客流预测对合理确定其功能定位与建设规模具有重要意义。

第三，城市轨道交通线路能力与公交服务水平密切相关，现行规划参数高估了城市轨道交通的运输能力，直接导致公交服务水平的降低。

我国多数城市轨道交通网络规划采用的是“低密度、高运量”发展策略，按照 6.0 人/m^2 的站席密度标准定员，建设规模亦停留在 6 节编组水平。随着北京、上海、广州等轨道交通成网城市逐步增多，一些骨干线路客流强度在运营近期就达到 2.0 万人次/(km·日)，尽管运行间隔已压缩到 2 min 左右的极限，但不少线路仍十分拥挤[131]。这既增加了系统运行的安全风险，也大大影响了城市轨道交通的总体形象与可持续发展。

2.4 本章小结

本章首先从社会经济发展水平、交通出行特征、轨道交通形态布局和轨道交通服务水平等层面分析了城市轨道交通客流强度的影响因素。在此基础之上，建立了城市轨道交通客流强度影响因素灰色关联层次分析模型，并结合所选取指标进行灰色关联分析计算，得到城市轨道交通客流强度不同影响因素的重要度排序。最后结合实际统计数据，从线路空间和网络演变角度出发，分析了国内外典型城市轨道交通线路和线网客流强度的基本特征，研究了轨道交通线路功能、能力规模与所属区位的关系。

本章的主要结论如下。

第一，城市轨道交通客流强度是指轨道交通网络或线路每公里每日平均承担的客运量。城市轨道交通客流强度可以作为评价城市轨道交通线路建设效率与功能发挥水平的重要指标。因此，在城市轨道线网规划与建设过程中，不同线路的能力与功能应有恰当定位。

第二，城市轨道交通线网客流强度的影响因素包括社会经济发展水平、交通出行特征、线网形态布局和服务水平，其中交通出行特征和线网形态布局对线网客流强度的影响程度较高。

对影响城市轨道交通线网客流强度因素的灰色层次关联分析表明：

显著影响因素为轨道交通线网覆盖范围内轨道交通出行比例、人口密度以及线网中心城区比例，其灰色关联度均超过 0.70，对客流强度的影响程度最高；

重要影响因素为轨道交通线网覆盖范围内人均出行次数、线网换乘便捷指数，其灰色关联度为 0.69，0.66，对客流强度的影响程度较高；

一般影响因素为轨道交通线网覆盖范围内人均 GDP 水平和线网密度，其灰色关联度均低于 0.65，对客流强度的影响程度较低。

第三，城市轨道交通线路客流强度的影响因素包括线路形态布局、服务水平和运输能力三个方面，其中线路形态布局对线路客流强度的影响程度最高。

对城市轨道交通线路客流强度影响因素的灰色层次关联分析表明：

显著影响因素为轨道交通线路中心城区比例和线路换乘便捷性指数，其灰色关联度均超过0.70，对客流强度的影响程度最高；

重要影响因素为轨道交通线路列车编组和车辆定员，其灰色关联度为0.69，0.66，对客流强度的影响程度较高；

一般影响因素为轨道交通线路旅行速度和发车间隔，其灰色关联度均低于0.65，对客流强度的影响程度较低。

第四，通过对东京、伦敦以及北京、上海、广州等典型城市的轨道交通网络结构进行比较分析，可以发现：尽管国内北京、上海、广州等城市轨道交通里程和日均客运量已达到较高水平，但是轨道交通在中心城公共交通出行中所占比例平均为38.5％，远远低于国外平均水平69.0％。这一差距可能有两方面的原因：一是我国多数城市轨道交通的线路分布范围比较发散，中心城区城市轨道交通网络密度偏低；二是我国各大城市对中心区个人机动车行驶的管理政策过于宽松，中心城区出行中小汽车出行比例过高。总的来看，我国城市的城市交通结构，尤其是中心城区的交通结构有待进一步优化。

第五，根据轨道交通线路在城市中不同的功能定位和线路走向，轨道交通线路可划分为中心城区线（M线）、市区半径线（R线）、市区直径线（D线）和郊区线（L线）。对国内外典型城市不同线路客流强度的实证分析表明：全线位于核心区的中心城区线（M线）客流强度最高，跨越外围区一核心区一外围区的市区直径线（D线）次之，跨越外围区一核心区的市区半径线（R线）客流强度较低，郊区线（L线）的客流强度最低。城市轨道交通线路的客流强度是其功能定位的基础，而客流强度又关联于线路的经济与地理区位。对多数大城市来说，轨道交通成网并进入运营成熟期后客流强度达到2.0及其以上的线路数量一般难以超过全网的40％。因此，做好不同交通走廊内线路的客流预测对合理确定其功能定位与建设规模具有重要意义。

3 换乘效率对城市轨道交通吸引力和乘客行为的影响

在城市轨道交通网络化运营环境下，乘客出行通常需要在不同线路间换乘。本章分析了城市轨道交通网络的换乘环节，分析了换乘改善对不同规模城市的轨道交通网络吸引力和乘客路径选择行为的具体效果，构建了城市轨道交通出行广义费用函数，通过在换乘时间项中引入步行修正系数和环境修正系数，以乘客感知的换乘时间代替客观换乘时间，刻画不同城市环境下非乘车环节对出行过程的影响。

3.1 城市轨道交通的换乘过程分析

随着城市的扩张和城市轨道交通系统逐渐成网，乘客仅通过一次乘车一般难以完成出行，常常需要在不同线路间换乘。换乘是指在不离开车站付费区及不另行购买车票的情况下，乘客在不同线路间乘坐列车的行为。换乘作为出行的关键组成部分，其效率的高低直接影响到城市轨道交通网络对乘客的吸引力，以及乘客的轨道交通路径选择。

不同主体对换乘效率的定义各不相同，常用的换乘效率评价指标有换乘时间、换乘距离、换乘设施面积、换乘客流量等[137,138]，其中乘客最为关心的效率指标为换乘时间，本章研究对象为乘客行为，采用考虑乘客心理感知的换乘时间表征换乘效率。

针对城市轨道交通的换乘问题，国内外学者开展了大量研究，并取得了一系列的研究成果。Hibino N 等[132]基于 RP（Revealed Preference）客流调查研究了城市轨道交通乘客的路径选择行为。Guo Z 和 Wilson N H[77]基于路径选择提出了计算换乘费用的新方法，并应用到伦敦地铁，研究表明乘客对换乘总费用和换乘设施的感知具有差异。Sun 和 Xu[133]基于刷卡数据，研究了地铁乘客的路径选择行为。LimY 等[19]以首尔地铁实际刷卡数据为基础，研究了不同人群、不同换乘类型下的旅客换乘时间。四兵锋等[61]借助改进了的 Dail 算法得出了更加合理的轨道交通网络有效路径集合。徐瑞华等[69]提出一种考虑乘客多路径出行选择的客流概率分布模型。刘剑锋等[134]针对城市轨道交通乘客类别，基于不同类型乘客出行路径选择特征建立了轨道交通网络流量分配模型。既有成果多数集中在换乘节点的复杂网络性质以及轨道交通网络随机配流问题等方面。

事实上，换乘行为是一个复杂的过程，除了客观的换乘时间，乘客对于换乘的心理反应，更多地取决于乘客对环境因素的主观感知上。这些环境因素包括拥挤、通道坡度、设置电梯与否以及周围景观等等，而既有成果对这些因素的刻画在系统性与细致性方面尚存在一些不足。本章在综合考虑这些影响因素的基础上，通过计算不同类型城市中常规公交和城市轨道交通的相对分担率，评估换乘效率改善对城市轨道交通网络吸引力的影响；构建考虑换乘感知的乘客出行路径选择模型，研究换乘改善对乘客路径选择行为的影响。

3.1.1 轨道交通网络描述

轨道交通网络由轨道交通车站以及轨道交通线路组成，是城市公共交通的组成部分。

（1）车站

城市轨道交通车站一般设置在客流集散地或者与线网换乘接驳方便的地点，还需要根据地质条件、地下管线、地面建筑物的拆迁及改造的可能性以及站间距设置的要求等情况合理选定位置。

根据运营性质，车站可以分为中间站、终点站、换乘站、中间折返站、尽端折返站等；根据站台形式，车站分为岛式车站、侧式车站、一岛一侧式车站、一岛两侧式车站等；根据车站与地面的相对位置，车站可以分为地面站、高架站、地下站；根据车站埋深，车站可分为浅埋车站、中埋车站、深埋车站等。

车站一般设有站台、站厅、售票厅以及车站办公附属设施等，同时备有乘降设施、售检票设施以及其他服务设施。车站规模决定于日均客流量和高峰小时客流量的大小。

（2）线路（站间区间）

轨道交通线路是轨道交通网络的骨架。线路布设受地面建筑、地下条件、地质条件、运营条件、客流条件等各方面影响。根据线路空间位置的不同，线路可以分为地下线、地面线和高架线；根据线路用途的不同，可以分为正线和辅助线，其中，辅助线包括折返线、存车线和车场出入线等。

3.1.2 网络拓扑及换乘过程描述

轨道交通网络与一般的道路网络和常规公交网络不同，其特点如下：首先，轨道交通的线路设施固定，极少存在甚至不存在共线运营的情况；换乘站固定，只有特定的车站可以发生换乘行为。其次，轨道交通网络的连通状态有两种，一是不同轨道线路在同一站点通过换乘通道衔接实现连通；二是不同轨道线路在不同站点的连通，只能通过多次换乘实现。此外，在轨道交通网络中，列车运行是有方向的，分上行和下行两个行驶方向。轨道交通系统中，列车在站间区间的运行时间比较稳定，受外界干扰影响小。

本书用图 $G=(V, E)$ 来描述一般轨道交通网络模型。其中 $V=(V_1, V_2, \cdots, V_n)$，$E=(E_1, E_2, \cdots, E_n)$，$V_n$ 为线路 n 上所有节点的集合，E_n 为线路 n 所有单向弧段的集合，弧段头节点 $H(e)\subseteq V$，弧段尾节点 $T(e)\subseteq V$。

节点集合 $V(G)$ 中换乘头节点、换乘尾节点和换乘步行尾节点用于描述换乘行为的换乘步行状态和换乘等车状态，运行头节点、运行尾节点用于描述列车运行的起始状态，停车头节点、停车尾节点用于描述列车站间停车的起始状态。弧段集合 n 中换乘步行弧、换乘等车弧、运行弧、停车弧分别用于描述换乘过程中的步行行为、换乘过程中的等车行为、列车运行状态和列车停车状态。在本书中换乘过程由两部分组成，首先乘客由线路 m 下车换乘步行至线路 n 的候车站台，此过程由换乘步行弧描述；随后乘客在线路 n 站台等车至乘坐线路 n 车辆离开，此过程由换乘等车弧描述。

本书对轨道交通网络的描述如图 3－1 所示。

(1) 节点

本书将节点划分为列车运行节点和换乘节点。

①列车运行节点。

列车运行头节点和运行尾节点用来区分列车运行的状态，同时对应描述乘客上车和下车的行为。

②换乘节点。

换乘头节点、换乘尾节点和换乘步行尾节点用来描述乘客的换乘行为。换乘头节点为乘客换乘行为的起点，同时也是换乘步行行为的开始节点。换乘步行尾节点是换乘者从线路 m 换乘至线路 n 的步行行

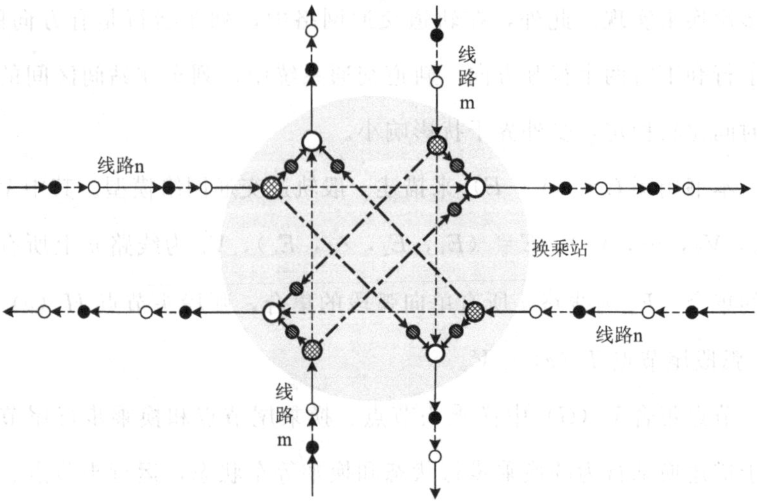

图 3－1　轨道交通网络拓扑描述

为结束点，同时也是换乘等车行为的起点。换乘尾节点是换乘行为的结束点，同时是换乘之后出行活动的起点。

（2）弧

为了描述乘客出行行为，本书按照列车或乘客的状态，将网络中的单向弧段划分为运行弧、停车弧、换乘步行弧和换乘等车弧。

①运行弧和停车弧。

运行弧的头节点和尾节点分别为运行头节点和尾节点，是列车启动和停车之间的运行状态的描述。停车弧的头节点是运行尾节点，停车弧的尾节点对应乘客是否换乘有不同的取值，可以描述乘客换乘行为。

②换乘步行弧和换乘等车弧。

换乘步行弧的头节点和尾节点分别为换乘头节点和换乘步行尾节点，换乘等车弧的头节点和尾节点分别为换乘步行尾节点和换乘尾节点，分别对应乘客换乘过程中的步行和等车行为。

3.2 换乘效率对轨道交通竞争力的影响分析

3.2.1 竞争力模型构建

在城市轨道交通系统中，换乘的具体过程是指乘客从一条线路下车开始至另一条线路上车结束，这其中的所有时间都被称为换乘时间。根据定义，客观的换乘时间包括乘客从一条线路站台至另一条线路站台的步行时间和在另一条线路站台的等待时间，如式（3－1）所示。

$$T_{\mathrm{transfer}} = T_{\mathrm{walk}} + T_{\mathrm{wait}} \tag{3-1}$$

式中：T_{transfer}为乘客客观的换乘时间；T_{walk}为乘客从一条线路的站台至另一条线路站台的步行时间；T_{wait}为乘客在另一条线路站台的等待时间。

应当指出：实际换乘过程中，乘客感知到的换乘时间并不一定等同于客观换乘时间。对换乘过程或换乘难度的感知还受到多种因素的影响，例如，不同乘客在不同出行目的、不同换乘环境下对步行时间、等待时间等的心理反应存在差异。换言之，某些情况下，乘客可能对步行和等待更加反感，这将扩大不良换乘的后果，进一步降低公交的吸引力。

为反映这种影响，本书采用步行修正系数和环境修正系数进行描述。分析表明：乘客对步行时间的感知还受到步行路径的坡度、是否设置电梯等因素的影响。因此，乘客感知的换乘时间可以用式（3－2）表示。

$$T'_{\text{transfer}} = (\mu \cdot T_{\text{walk}} + T_{\text{wait}}) \cdot \upsilon \tag{3-2}$$

式中：T_{transfer}为乘客感知的换乘时间；μ为步行修正系数；ν为环境修正系数。

Logit 模型是研究客运方式分担率的成熟方法。本书研究城市轨道交通和常规公共交通两种方式，两者的相对分担率如式（3－3）所示。

$$P_i = \frac{\exp(-\theta U_i)}{\sum_{i=1}^{2} \exp(-\theta U_i)} \tag{3-3}$$

式中：P_i为交通方式的相对分担率；U_i为交通方式的阻抗；θ为待标定的参数；i为交通方式，其中$i=1$表示城市轨道交通，$i=2$表示常规公共交通。

采用广义费用函数来表示交通阻抗，如式（3－4）所示。

$$U_i = \alpha \cdot C_i + \beta \cdot (T_{\text{vehicle},i} + T_{\text{transfer},i}) \tag{3-4}$$

式中：C_i为交通方式i的票价；$T_{\text{vehicle},i}$为交通方式i的在车时间；$T_{\text{transfer},i}$为交通方式i的客观换乘时间；Q_i为与交通方式i有关的特征参数，表征交通方式i的舒适、准点、安全等特征；α，β是各因素的权重。

根据何宇强等人[135]的研究，α取1.0；β取乘客的平均时间价值；Q_i取交通方式i的－50%～－20%的票价。

3.2.2 换乘效率对轨道交通竞争力的影响

根据北京市第四次交通综合调查数据[136]，对式（3－3）中的参数θ进行标定，其中，式（3－4）中各参数的取值见表3－1，乘客的平均时间价值采用北京市城镇居民2010年的人均工资率表示。

表 3－1　系数 θ 标定过程中的参数取值

符号	含义	单位	取值	
			轨道交通（$i=1$）	常规公交（$i=2$）
C_i	方式 i 的票价	元	2.0	0.8
$T_{vehicle,i}$	方式 i 的在车时间	min	53.1	56.2
$T_{transfer,i}$	方式 i 的换乘时间	min	6.7	9.2
Q_i	表征方式 i 的舒适、准点、安全等特征参数；取票价的－50%	元	－1.0	－0.4
α	票价因素权重	—	1.0	1.0
β	时间因素权重，取乘客的平均时间价值	元/min	0.493 3	0.493 3
P_i	方式 i 的相对分担率	—	28.97%	71.03%

根据表 3－1 参数的取值对式（3－3）中的 θ 进行标定，得到 θ 的标定结果为：$\theta=0.414\ 75$。

根据乘客不同出行距离水平，对城市轨道交通的在车时间（即 $T_{vehicle,1}$）设置以下 4 种情景：$T_{vehicle,1}=15$ min；$T_{vehicle,1}=30$ min；$T_{vehicle,1}=45$ min；$T_{vehicle,1}=60$ min。实验过程考虑城市轨道交通和常规公共交通两种方式，即 $i=1$，2。

表 3－2 给出了不同城市规模下，不同出行距离的 $T_{vehicle,1}$ 取值的乘客出行比例设置情况。

表 3－2　不同城市规模的实验分析情景

在车时间	城市规模		
	中等城市	大城市	特大城市
$T_{vehicle,1}=15$ min	35%	25%	15%
$T_{vehicle,1}=30$ min	30%	30%	30%
$T_{vehicle,1}=45$ min	25%	30%	30%
$T_{vehicle,1}=60$ min	10%	15%	25%

在上述情景中，步行修正系数 μ 分别取 1.0，2.0，3.0。

图 3-2 给出了不同环境修正系数（ν=1.0 或 2.0）下，不同城市规模的轨道交通的相对分担率随着步行时间 T_{walk} 和等待时间 T_{wait} 的变化状况；其中，步行时间的变化区间为［1，10］min，等待时间的变化区间为［1，6］min，变化步长均为 1 min。

用式（3-2）计算的城市轨道交通的乘客感知换乘时间代替式(3-1)中的客观换乘时间，计算城市轨道交通的相对分担率，从而可以评估换乘效率改善对城市轨道交通网络的评估。

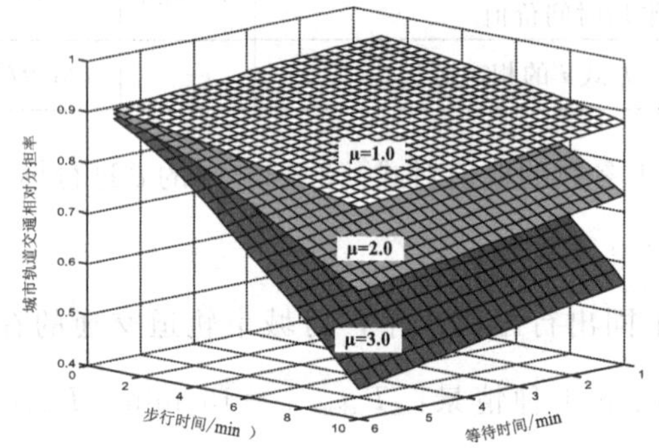

(a) 中等城市（ν=**1.0**）

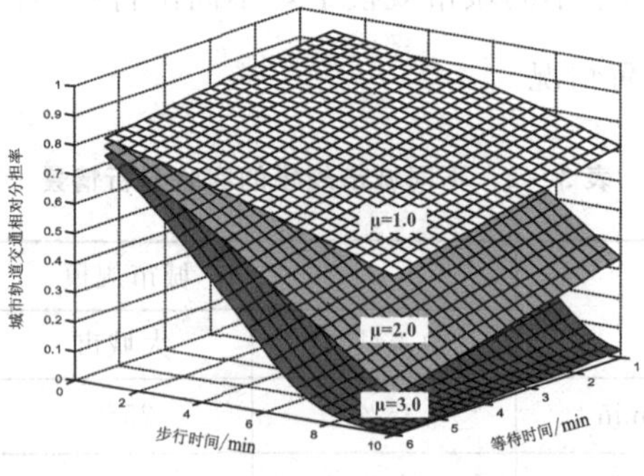

(b) 中等城市（ν=**2.0**）

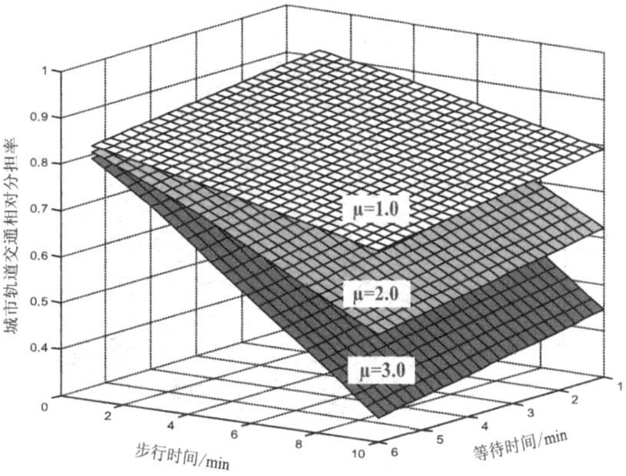

(c) 大城市 (ν=**1.0**)

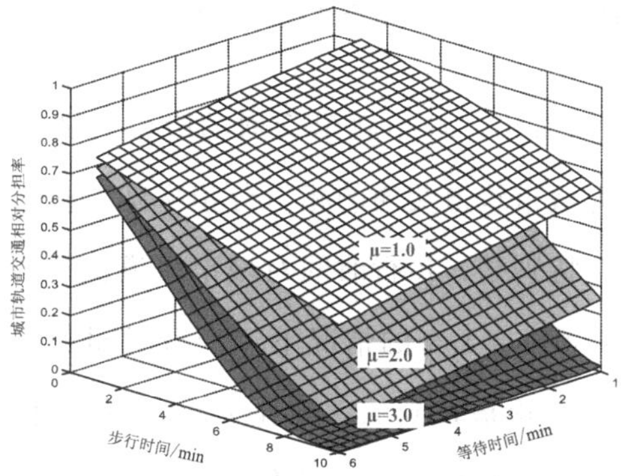

(d) 大城市 (ν=**2.0**)

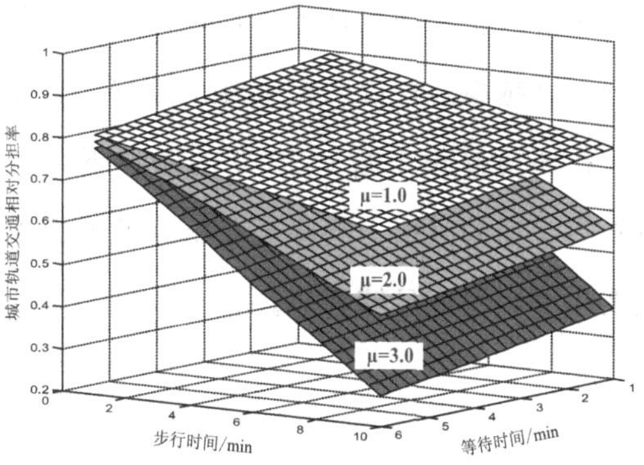

(e) 特大城市 (ν=**1.0**)

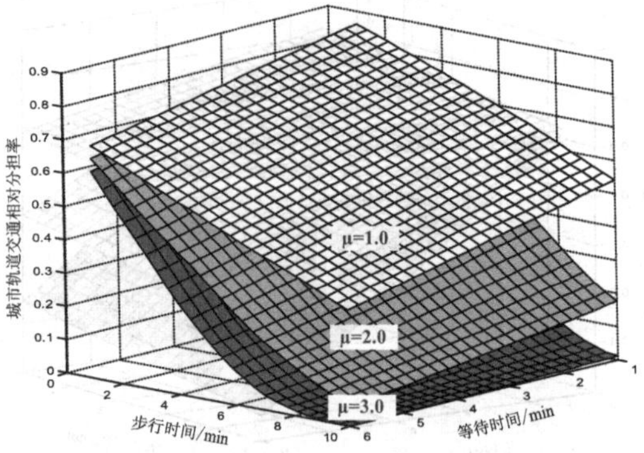

(f) 特大城市 (ν=2.0)

图 3-2　城市轨道交通相对分担率变化规律

从图 3-2 可以看出，城市轨道交通的吸引力随着换乘效率的改善而增加，表现为城市轨道交通的相对分担率随着步行时间和等待时间的减少而提高。特别是，步行时间对城市轨道交通的吸引力影响更大，在步行修正系数 $\mu=1.0$ 的情况下，步行时间和等待时间对城市轨道交通分担率的影响是相同的，而在 $\mu>1.0$ 的条件下，步行时间对城市轨道交通分担率的影响大于等待时间。

图 3-2 还刻画了换乘环境对城市轨道交通的吸引力的重要影响。对于不同规模的城市，在相同条件下，环境修正系数值越小，城市轨道交通的相对分担率越高。这说明换乘环境越好，城市轨道交通系统的吸引力越大。在环境修正系数 $\nu=2.0$ 的条件下，若步行修正系数 $\mu\geqslant3.0$，城市轨道交通的吸引力会降至很低，此时需要重点关注城市轨道交通的换乘环境，保证足够客流。

3.2.3 灵敏度分析

根据北京市第四次交通调查[136]，北京市轨道交通乘客换乘的走行时间在5 min左右，等待时间在2 min左右。以北京市等特大城市为例，设置走行时间和等待时间敏感性分析情景分别为节约100%，80%，60%，40%，20%、不变和增加20%，标记为−100%，−80%，−60%，−40%，−20%，0，+20%，其他参数的取值不变，计算城市轨道交通相对分担率的变化程度，如图3-3和图3-4所示。

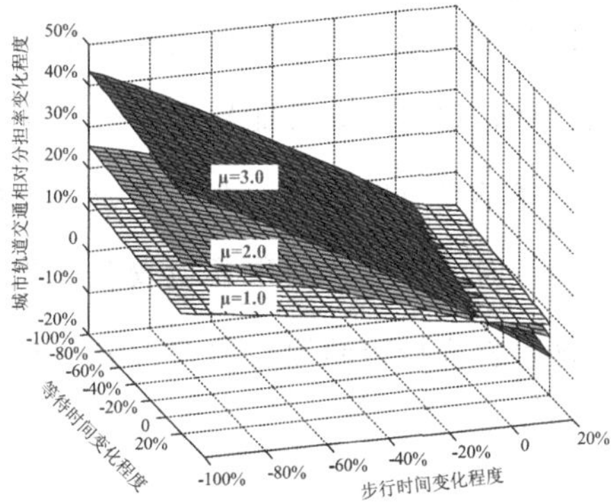

图3-3 环境修正系数（v=1.0）

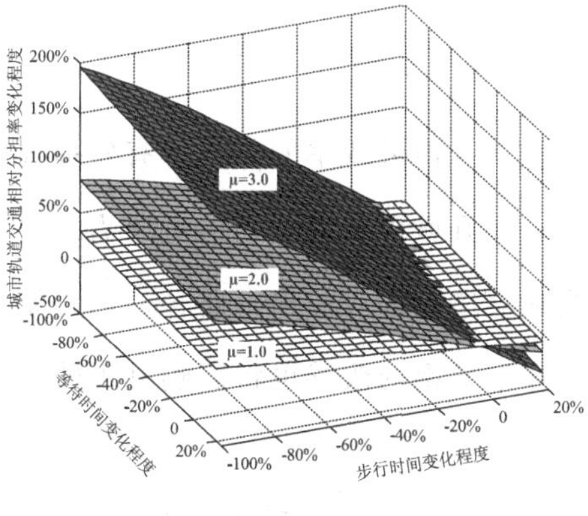

图3-4 环境修正系数（v=2.0）

从图 3－3 和图 3－4 可以看出，对于步行修正系数 $\mu>1.0$ 和环境修正系数 $\nu>1.0$ 的城市轨道交通系统而言，改善换乘效率对于提高城市轨道交通的吸引力至关重要，而且步行修正系数和环境修正系数越大，改善效果越显著。

当步行修正系数 $\mu=1.0$ 和环境修正系数 $\nu=1.0$ 时，若走行时间和等待时间均降低 100%，即理想的“零换乘”条件下，城市轨道交通的相对分担率可提高 12.7%。当 $\mu=3.0$ 和 $\nu=3.0$ 时，前述理想的“零换乘”条件下，城市轨道交通的相对分担率的提高比例高达 195.8%。

我国一些大型枢纽中，旅客的步行环境比较复杂，流线交错比较多，相互干扰比较严重；这些因素可能导致步行修正系数和环境修正系数较大。因此，上述结果可以说明：在特大城市的城市轨道交通系统中，应重点改善步行时间较长、换乘环境较差、线路列车时刻衔接不到位的换乘站。这是提高城市轨道交通的吸引力的重要途径。

3.3　换乘效率对乘客路径选择行为的影响

网络化运营环境下，换乘效率的改善将有效提高整个城市轨道交通系统的运行效率、提升城市轨道交通的竞争力。对于城市轨道交通系统内部而言，换乘会增加乘客的出行路径，但频繁换乘会增加乘客出行成本，因此，换乘效率的改善也将影响城市轨道交通乘客的路径选择行为。

本节在综合分析城市轨道交通乘客出行路径选择影响因素的基础上，重点考虑不同换乘效率下乘客对换乘时间感知差异，建立考虑换乘效率约束的城市轨道交通乘客路径广义费用模型，采用深度优先算法搜索有效路径，通过算例验证模型的可行性。

3.3.1 路径广义费用

一般来说，乘客在城市轨道交通网络中的路径选择行为受旅行时间、票价票制、换乘便捷性、舒适度等多种因素的影响，乘客将根据路径的广义费用来选择其出行路径。分析表明，大部分轨道交通乘客视“时间最短”为出行路径选择的首要因素，且大多数城市实行的是按起讫站定价的规则，即一旦 OD 站确定，在该 OD 站间所有路径上出行的票价是相同的，而与具体路径无关。因此，本书采用广义旅行时间作为出行广义费用。

广义旅行时间即乘客采用轨道交通出行所花费的时间，包括乘车时间和换乘时间，其中乘车时间包括列车运行时间和停车时间，换乘时间包括换乘走行时间和等车时间。

既有广义费用模型考虑了换乘时间的影响，将换乘时间乘以一个大于 1 的常数[61,139—141]。实际上，不同换乘效率下，乘客对换乘时间的感知具有差异。一般来说，换乘效率越高，乘客感知的换乘费用越小；反之，乘客感知的换乘费用会随换乘效率降低显著增加。为此，本书考虑乘客的实际感知特点，将换乘时间的惩罚系数设定为与换乘效率相关的幂函数。

(1) 乘车时间

乘车时间包括列车在各区间运行时间和各站停车时间。如式 (3－5) 所示：

$$T_c = t_{di} + t_{sj} \tag{3-5}$$

式中：T_c为乘车时间，t_{di}为区间 i 的列车运行时间，t_{sj}为车站 j 的停车时间。

（2）换乘时间

换乘时间主要包括换乘走行时间和候车时间。换乘时间是乘客出行额外消耗的时间，且换乘需要消耗体力，乘客换乘过程中所感知的时间比乘车时间要大。换乘走行时间越长，乘客对换乘的抵触心理越强，乘客感知到的换乘时间越大。因此，可以认为，换乘时间的惩罚系数并非一个常数，而应与换乘效率有关。

对北京城市轨道交通 19 个换乘站共计 39 个换乘方向的换乘走行时间进行问卷调查，在每个换乘方向的出口处询问乘客感觉到的换乘走行时间，将该数据与实测的换乘走行时间对比，即可得到乘客感知的换乘走行时间与实际换乘走行时间的关系。

本次问卷共 1 200 份，有效数据为 1 025 份，有效率为 85.4%。数据拟合分布如图 3－5 所示。

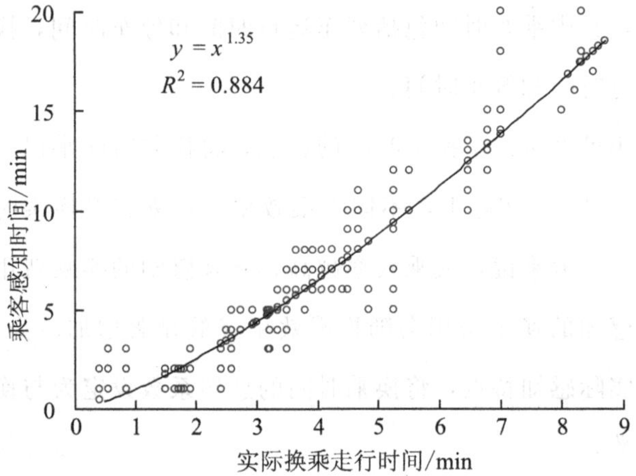

图 3－5　换乘感知时间与实际换乘走行时间变化关系

从图 3－5 可得出，乘客感知的换乘走行时间与实际的换乘走行时间较好地符合幂函数分布。因此，本章设定换乘惩罚系数为换乘走行时间的幂函数。换乘次数的增加将增加乘客对换乘时间的感知，随着换乘次数增加，乘客感知费用逐次递增。候车时间取决于乘客到达分布和车辆到达分布，如果车辆到达间隔固定，且乘客到达服从均匀分布，则候车时间为发车间隔的一半[61]。换乘时间表达式如下：

$$T_{kh}-(n_{k,p}^{rs})\cdot[t_{kw})^{\beta}\cdot t_{kw}+0.5\cdot\gamma\cdot t_{m}] \tag{3-6}$$

式中：T_{kh} 为换乘站 k 的换乘时间，$n_{k,p}^{rs}$ 为 OD 对 $r-s$ 间路径 p 在换乘站 k 处发生的累计换乘次数，t_{kw} 为换乘站 k 的换乘走行时间，t_m 为线路 m 的发车间隔，α，γ 分别为待标定参数。

乘客在城市轨道交通网络中的出行路径是由一系列的车站和站间区间组成。乘客在 OD 对 $r-s$ 间的第 p 条路径上总的出行广义费用 C_p^{rs} 可以表示如下。

$$\begin{aligned} C_p^{rs} &= \sum_i t_{di}+\sum_j t_{sj}+\sum_k T_{kh} \\ &= \sum_i t_{di}+\sum_k t_{sj}+\sum_k[(n_{k,p}^{rs})^{\beta}+0.5\cdot\gamma\cdot t_m] \end{aligned} \tag{3-7}$$

3.3.2 路径选择模型

通常情况下，乘客并不会考虑 OD 对 $r-s$ 间所有的路径，而是将其中一部分路径作为选择方案，这些被出行者考虑的路径为有效路径。本书定义有效路径为最短路径加上一个阈值，即假定 OD 对 $r-s$ 间最短路径费用为 $C_{\min}^{rs}$，设定相对阈值 f，若路径 p 的广义费用满足式（3-8），则该路径为有效路径。

$$C_p^{rs}\leqslant C_{\min}^{rs}(1+f) \tag{3-8}$$

基于 K 短路搜索算法和 Dial 算法的不足[134]，本书用基于改进的深度优先算法搜索 OD 对 $r-s$ 间有效路径。其算法如下。

第一步，初始化，给相关变量赋初值；

第二步，采用最短路算法（本书采用 Floyd 算法）计算 O—D 对

$r-s$间的最小路径费用并设定 f 的值，设根节点 r 为当前节点；

第三步，从当前节点 n 出发，遍历与节点 n 相邻节点，如节点 j，如果从根节点 r 出发沿着该遍历路径的费用满足式（3-8），则令节点 j 为当前点，转入第四步，否则转入第六步；

第四步，判断节点 j 是否为终节点，如不是则转入第三步，否则进行第五步；

第五步，记录该有效路径；

第六步，退回上一层（回溯），若未遇到根节点则转入第三步。

乘客的路径选择可以理解为乘客对每条有效路径的选择概率，实际过程中，乘客是根据每条路径的效用值选择路径，路径的随机效用可用下式表示：

$$U_p^{rs}=V_p^{rs}+\varepsilon_p^{rs} \tag{3-9}$$

其中，U_p^{rs} 为有效路径 p 的随机效用，V_p^{ps} 为可确定的效用值，ε_p^{rs} 为随机误差项。可确定的效用 V_p^{rs} 可用有效路径广义费用来表示，即：

$$V_p^{rs}=-\theta C_p^{rs} \tag{3-10}$$

其中 θ 是一个常数，起到将费用转化成效用的作用。

假定随机误差项相互独立，且服从相同的 Gumbel 分布，则各有效路径的选择概率可用 Logit 随机路径选择模型计算得到，可表示如下：

$$P_p^{rs}=\frac{\exp(-\theta C_p^{rs}/\overline{C})}{\sum_{i=1}^{M}\exp(-\theta C_i^{rs}/\overline{C})} \tag{3-11}$$

其中 $\sum_{i=1}^{M}P_i^{rs}=1$，$0\leqslant \mathrm{P}_1^{\mathrm{rs}}\leqslant 1$，

式中：P_i^{rs} 为 OD 对 $r-s$ 间路径 i 的选择概率；M 为 OD 对 $r-s$ 间所有有效路径数量；$\overline{C}$为所有有效路径的平均费用。

3.3.3 换乘效率对路径选择的影响

（1）参数选择

林湛等对北京市 2008 年城市轨道交通网络进行了分析[140]。本书也采用与林湛等人相同的研究对象，其网络结构如图3－6所示。

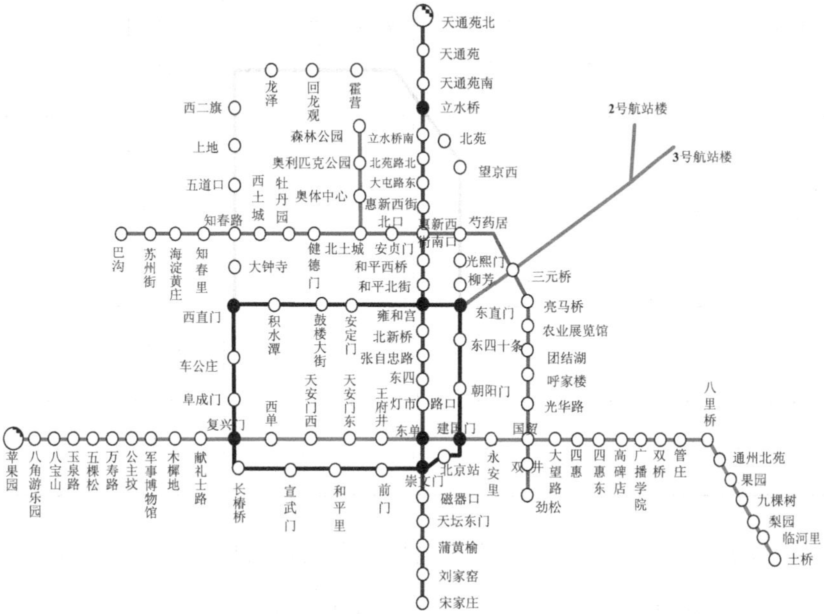

图 3－6　2008 年北京轨道交通网络结构

区间运行时间为北京地铁公司网站公布的站间运行时间，平峰时段平均停站时间取 1 min，高峰时段平均停站时间取 30 s，乘车时间为区间运行时间与停站时间之和，各换乘站的平均换乘走行时间为实测值，见表 3－3。有效路径扩展系数 f 取 0.15。

表 3-3　换乘站走行时间　s

换乘站	起	止	走行时间	换乘站	起	止	走行时间
建国门	1 号线	2 号线	150	崇文门	2 号线	5 号线	254
	2 号线	1 号线	55		5 号线	2 号线	500
复兴门	1 号线	2 号线	280	立水桥	13 号线	5 号线	235
	2 号线	1 号线	105		5 号线	13 号线	110
雍和宫	2 号线	5 号线	180	西直门	2 号线	13 号线	408
	5 号线	2 号线	180		13 号线	2 号线	388
东单	1 号线	5 号线	180	东直门	2 号线	13 号线	420
	5 号线	1 号线	180		13 号线	2 号线	211

根据立水桥到国贸站的路径选择意向调查结果（有效问卷 1 025 份），统计各路径的选择概率，采用极大似然估计法对模型参数进行估计，利用 Matlab 求解使对数似然函数达到最大的参数组合，结果见表 3-4。

表 3-4　参数求解结果

参数	α	γ	θ
估计值	1.238	1.126	1.866
t 检验	−4.083	1.258	5.135

(2) 结果与分析

根据 3.3.2 提出的模型与算法，计算苹果园—天通苑北各路径选择概率，计算结果见表 3－5。

表 3－5　苹果园—天通苑北乘客路径选择概率

路径	路径方向	换乘次数	换乘走行时间/s	选择概率/%	
				本书	参考文献[140]
路径 1	苹果园—复兴门—东单—雍和宫—天通苑北	1	180	36.8	31.7
路径 2	苹果园—复兴门—建国门—东直门—雍和宫—天通苑北	2	150，180	18.7	17.9
路径 3	苹果园—复兴门—西直门—雍和宫—天通苑北	2	280，180	17.3	18.9
路径 4	苹果园—复兴门—崇文门—东单—雍和宫—天通苑北	2	280，254	14.2	15.9
路径 5	苹果园—复兴门—建国门—东直门—立水桥—天通苑北	3	150，420，235	12.9	15.5

从表 3－5 可以看出，换乘走行时间越短、换乘次数越少的路径，乘客选择的概率越高，特别是换乘 3 次的路径 5，其选择概率最低。计算结果方面，模型与文献[140]比较接近，其中换乘次数少、换乘走行时间短的路径选择概率比文献[140]的大，如路径 1 和路径 2；换乘走行时间长的路径选择概率比文献[140]小，如路径 3。

实际调查表明，在旅行距离相差不大的情况下，由于换乘较为拥挤，多数乘客对换乘较为抵触，更倾向于选择换乘时间短、换乘次数少的路径，例如路径 2 的吸引力相较于路径 3 会较高，路径 5 的吸引力会较大程度低于其他路径。因此，计算结果表明本书提出的模型较传统模型能更准确的刻画乘客在城市轨道交通网络上的路径选择行为。

3.3.3 灵敏度分析

模型中的参数对计算结果有重要影响。对于不同的乘客，换乘次数、换乘走行时间和候车时间对路径选择概率的影响程度和权重有所不同。下面对模型中相关参数进行灵敏度分析，以揭示参数在可能的变化情况下乘客路径选择的变化规律。

（1）参数 α 的灵敏度分析

换乘是公交出行过程中的重要特征。参数 α 为换乘次数的惩罚系数，即乘客对换乘次数的感知系数。假设其他条件不变，α 分别取 0.5，1.0，1.5，2.0，2.5 情况下，各路径选择概率的变化关系如图 3－7 所示。

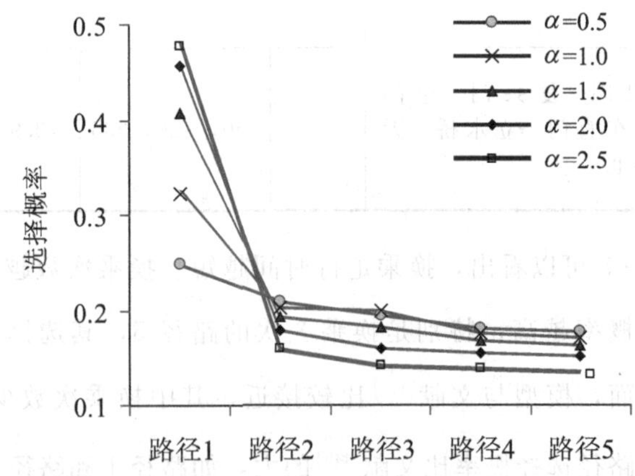

图 3－7　不同 α 值各路径选择概率

从图 3－7 可以看出，随着 α 的增加，路径 2 的选择概率逐渐增加，而其他路径的选择概率均有所降低。当 α 从 0.5 变为 2.5 时，路径 1，2，3，4，5 的选择概率分别从 24.9%，20.9%，19.3%，18.0%，17.6% 对应地变为 45.2%，14.7%，14.1%，13.5%，13.1%。α 越大，换乘次数对乘客换乘费用的感知影响大，换乘次数少的路径总的广义费用优势相对明显，这与实际过程中乘客对换乘次数比较敏感相符。

（2）参数 β 的灵敏度分析

参数 β 为式（3－6）中幂函数的幂指数，表示乘客对换乘走行时间的感知参数，假定其他条件不变，β 分别取 1.0，1.1，1.3，1.5，1.7，分别对应乘客感知时间与实际时间相同、略高于实际时间、较高于实际时间、明显高于实际时间、显著高于实际时间，各路径选择概率变化规律如图 3－8 所示。

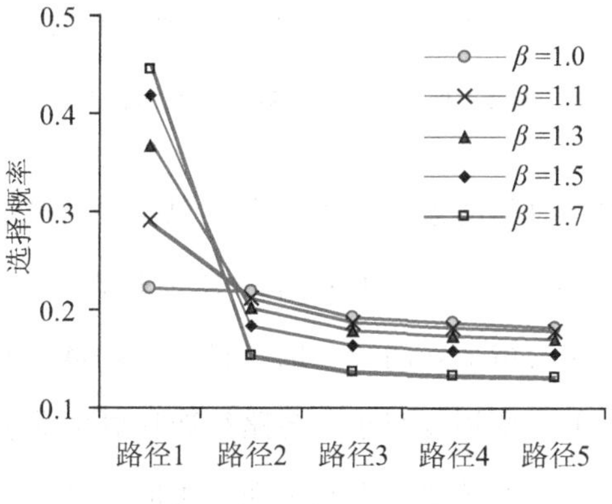

图 3－8　不同 β 值各路径选择概率

从图 3－8 可以看出，各路径选择概率随参数 β 的变化规律与参数 α 类似，随着 β 的增加，路径 2 的选择概率逐渐增加，而其他路径的选择概率均有所降低，且 β 越大，路径 2 选择概率变化幅度越大。

当β从1.0变为1.7时，路径1，2，3，4，5的选择概率分别由29.2%，21.2%，18.6%，18.1%，17.7%对应地变为44.5%，15.3%，13.7%，13.4%，13.1%，β越大，换乘时间对乘客换乘费用感知影响越大，且换乘走行时间越长，乘客对换乘费用感知越大。可以认为，换乘走行时间直接影响乘客对换乘费用感知程度，实际过程中应注重换乘效率的改善，提高服务水平。

(3) 参数γ的灵敏度分析

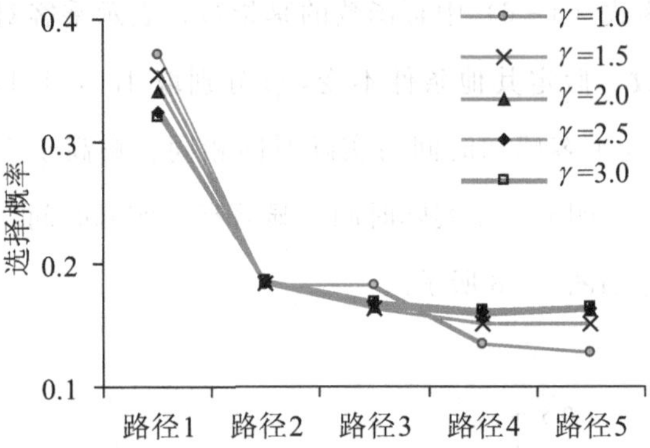

图3－9　不同γ值各路径选择概率

参数γ为候车时间的惩罚系数，假定其他条件不变，γ取值分别为1.0，1.5，2.0，2.5，3.0时，各路径选择概率如图3－8所示。可以看出，随着γ的增加，路径2的选择概率降低，其他路径的选择概率有所增加，但改变幅度很小，各路径选择概率受γ的影响较小。

综上分析，换乘次数感知参数α和换乘时间感知参数β对路径选择概率影响较大，而候车时间惩罚系数γ对路径选择概率影响较小。换乘时间会影响α，β取值，改善换乘环境、提高换乘效率一定程度可降低乘客对换乘的抵触心理，降低乘客换乘感知费用。实际中应注重换乘效率的改善，提高换乘站服务水平。

3.4 本章小结

城市轨道交通网络化运营环境下，换乘效率不仅影响系统服务水平与吸引力，同时也影响乘客路径选择行为。本章的主要工作包括以下方面。

第一，在分析乘客路径选择行为影响因素基础上，从广义费用角度分析了乘客对换乘效率涉及的几个要素的感知差异，即在城市轨道交通广义费用函数的换乘时间项中，引入步行修正系数和环境修正系数，通过步行时间和等待时间的变化，将换乘时间惩罚系数修改为与换乘效率相关的幂函数，建立了考虑换乘效率的广义费用函数。

第二，采用改进的深度优先算法搜索有效路径，重构了乘客路径选择行为模型及相关参数。研究了换乘效率改善对不同规模的城市轨道交通网络吸引力乘客路径选择行为的影响。

本章得到的主要结论如下。

第一，考虑换乘效率影响时，换乘效率高、总换乘时间对路径选择影响显著，总换乘时间长的路径选择概率相对较少。案例研究发现：换乘效率感知参数β越大，换乘效率高的路径选择概率越大，且各路径选择概率变化幅度越大。

第二，城市轨道交通的吸引力随着换乘效率的改善而增加显著。在步行修正系数大于1.0的条件下，步行时间对城市轨道交通分担率的影响大于等待时间。若步行修正系数和环境修正系数同时大于2.0，即乘客对步行与环境存在反感时，可能严重降低城市轨道交通网络的吸引力。

我国多数大型综合交通枢纽存在流线交叉多、环境卫生管理不到位问题，这将增大步行修正系数和环境修正系数。从而，对于特大城市的轨道交通网络来说，换乘效率的改善较提高城市轨道交通的运行速度更加重要。当步行修正系数和环境修正系数都为 3.0 时，理想的“零换乘”条件可以使城市轨道交通的相对分担率提高近 2 倍。因此，改善城市轨道交通网络的换乘及换乘环境具有重要意义。

第三，相关规划部门应做好换乘站线路引进方向、车站布置形式及换乘方式协调设计的前期工作。

在条件允许的情况下，换乘站宜采用多线衔接设计；线路间尽量采用同站台换乘、站台直接换乘的换乘方式，尽避免长通道换乘，缩短换乘距离及换乘时间。

多点衔接换乘站在条件允许情况下宜采用组合式同站台设计，最大可能方便乘客换乘；换乘站应做好与其他交通方式的衔接，尽最大可能发挥轨道交通的骨干作用。

第四，本书建立的考虑换乘效率的路径广义费用模型，可定量评估换乘效率对乘客路径选择行为影响。当考虑不同换乘效率下乘客对换乘时间的感知差异时，换乘时间的惩罚系数实际上成为一个与城市管理水平和出行目的相关的变量。例如，对于通勤出行来说，由于终到时间的强约束性，对换乘效率的敏感性将显著增大。这一点对于作为通勤交通主要工具的城市轨道交通系统有更大的参考意义，改善城市轨道交通系统内部以及城市轨道交通与其他方式的换乘效率对提高整个公共交通的吸引力具有直接而显著作用。

4 城市轨道交通网络换乘组织研究

换乘形态设计对城市轨道交通系统的运营具有重要作用。首先，设置一定数量的、方便的换乘站点可以增加乘客出行路径的选择方案，使乘客的出行更加灵活；其次，换乘可均衡线网客流，防止线路客流负荷过大而造成运营组织压力；再者，换乘可一定程度上增加网络运营的灵活性和稳定性。

换乘设计的核心问题是要寻求良好的换乘便捷性（用乘客换乘机会来衡量）和高的换乘效率（用乘客换乘时间来衡量）。本章首先从轨道交通网络层面，研究线网形态对换乘便捷性的影响，然后研究不同换乘方式下的换乘时间，最后对上述两方面的研究进行实证分析。

4.1 线网形态对换乘便捷性和出行效率的影响分析

由于自然地质条件、地理形态、用地规划、人口流向的差异，不同城市轨道交通线网形态有所不同。不同线网形态下线网功能和线网运行效率存在差异。

4.1.1 线网形态对换乘便捷性影响

城市轨道交通网络中换乘节点越多，线路间可换乘的机会越多，网络的可达性越好[84]。这里，本书用“线网换乘便捷性指数 K”来定量描述整个轨道交通网络乘客可实现换乘的便捷程度，该指数 K 可定义为换乘便捷性矩阵中矩阵元素之和与网络线路数量的比值，线路间的换乘机会矩阵可表示为 $D_{m\times m}=(d_{ij})$，见表 4－1。

表 4－1　线路间换乘机会矩阵

线　路	1	2	…	j	…	m
1	0	λ_{12}	…	λ_{1j}	…	λ_{1m}
2	λ_{21}	0	…	λ_{2j}	…	λ_{2m}
⋮	⋮	⋮	…	⋮	…	⋮
i	λ_{i1}	λ_{i2}	…	λ_{ij}	…	λ_{im}
⋮	⋮	⋮	…	⋮	…	⋮
m	λ_{m1}	λ_{m2}	…	λ_{mj}	…	0

轨道交通线网换乘便捷性指数如式（4－1）至式（4－12）所示：

$$D_{m\times m}=(d_{ij}) \tag{4-1}$$

$$d_{ij}=\begin{cases}\lambda_{ij},i\neq j\\0,i=j\end{cases}\quad i=1,2,\cdots,m;j=1,2,\cdots,m \tag{4-2}$$

$$K=\sum_{i=1}^{m}\sum_{j=1}^{m}d_{ij}/m \tag{4-3}$$

式中：K——线网换乘便捷性指数；

d_{ij}——线路 i 和线路 j 之间的换乘站点数，个；

λ_{ij} ——线路 i 换乘到线路 j 的换乘站点数，个；

m——城市轨道交通线网线路数量，条。

显然，K 值越大，城市轨道交通网络提供的换乘机会就越多，乘客在网络上换乘就越便捷。

一般说来，城市轨道交通线网形态可抽象成网格型、网格＋环线型、放射型、放射＋环线四种基本拓扑形态结构。不同线网拓扑结构下，线网换乘便捷性与运行效率存在一定差异。

为说明这个问题，这里采用相同线网规模（线路条数、线路里程相同）来分析不同线网形态下换乘便捷性指数的差异。

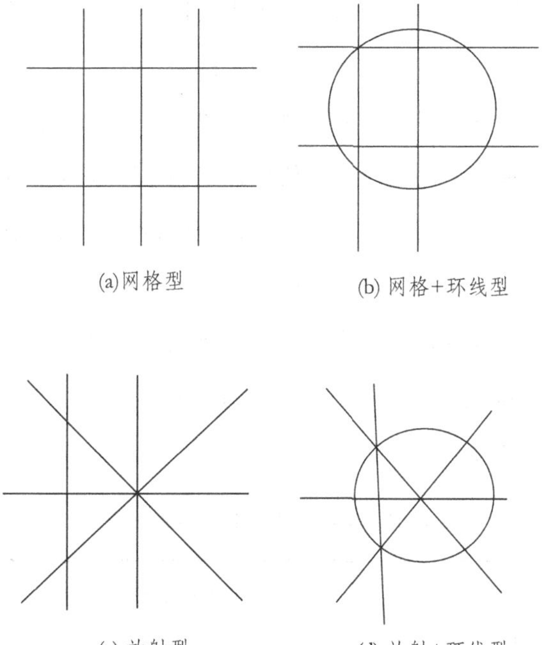

(a)网格型　(b) 网格+环线型

(c) 放射型　(d) 放射+环线型

图 4－1　几种基本网络形态

图 4－1 分别是由 5 条线路构成的网格型、网格＋环线型、放射型和放射＋环线型线网形态，根据式（4－1）计算得出的线网换乘便捷性指数，见表 4－2。

表 4－2　不同线网形态下线网换乘便捷性指数

网络形态	$\sum_{i=1}^{m}\sum_{j=1}^{m} d_{ij}$	K
网格型	12	2.4
网格＋环线型	24	4.8
放射型	18	3.6
放射＋环线型	28	5.6

从表 4－2 可以看出，相同线网规模下，不同线网形态换乘便捷性指数从大到小依次是放射＋环线型、网格＋环线型、放射型、网格型。放射型线网形态线网换乘便捷性指数比网格型增加约 70％，增加环线可显著增加网络的线网换乘便捷性。网格型线网平行分布，线路间的相交较少，线路间的可达性较差；而放射型线网在中心处交织复杂，不同线路间在中心处可实现换乘。

进一步分析发现，不同线网换乘便捷性的差异与网络中换乘站数量和换乘站衔接数量的差异有关。表 4－3 描述了上述 4 种不同线网形态下换乘站情况。

表 4－3　不同线网形态下换乘站数量

网络形态	换乘站数量			
	2 线换乘站	3 线换乘站	4 线换乘站	合计
网格型	6	0	0	6
网格＋环线型	9	1	0	10
放射型	3	0	1	4
放射＋环线型	5	3	0	8

从表 4－3 可以看出，从换乘站数量和多线换乘站数量来看，放射＋环线型和网格＋环线型线网都分别比放射型、网格型线网多；放射型线网的多线换乘站数量与网格型相似。

一般来说，环线增加了网络中的换乘站总数量，线网间的联系更紧密，且放射型线网和加环线线网与线路平行的网格型线网相比，线网的多线换乘站数量较多。多线换乘站可以满足多条线路间的换乘，对网络换乘便捷性的贡献要比普通的 2 线衔接的换乘站更大。

根据换乘矩阵的定义，可以得到对于一个线路数为 m 线网，假设线网中衔接 s 条线路的 s 线换乘站数量为 n_s，则该轨道交通网络的线网换乘便捷性指数可表示如下：

$$K=\sum_{i=1}^{m}\sum_{j=1}^{m}d_{ij}/m=\sum_{s=1}[n_s\cdot s\cdot(s-1)/m] \tag{4-4}$$

可以得到，网络上线路数量不变情况下，增加 n_t 个衔接线路数为 t 的换乘站，线网换乘便捷性指数变化值 ΔK 可描述如下：

$$\Delta K=K'-K=(\sum_{i=1}^{m}\sum_{j=1}^{m}d_{ij}-\sum_{i=1}^{m}\sum_{j=1}^{m}d_{ij})/m=n\cdot t\cdot(t-1)/m \tag{4-5}$$

式中，K，K' 分别为换乘站数量变化前后的线网换乘便捷性指数值；n_t 为增加的换乘站数量；t 为换乘站衔接的线路数；m 为线网线路总数。

根据（4－5），可以定量评估换乘站数量和多线换乘站对整个网络换乘便捷性指数影响的大小。不难看出，网络上的换乘站数量越多，出行者换乘的总体便捷性越好。

网络上增加 n 条线路的情况下，线网换乘便捷性指数变化值 ΔK 可描述如下：

$$\begin{aligned}\Delta K=K'-K&=\sum_{i=1}^{m}\sum_{j=1}^{m}d'_{ij}/m'-\sum_{i=1}^{m}\sum_{j=1}^{m}d_{ij}/m\\&=\sum_{s'=1}[n_{s'}\times s'\times(s'-1)]/m'-\sum_{s=1}[n_s\times s\times(s-1)]/m\end{aligned} \tag{4-6}$$

式中：K，K'分别为换乘站数量变化前后线网换乘便捷性指数值；$n_{s'}$和n_s分别为变化前后的衔接s和s'条线路的换乘站数量；m'和m为变化前后线网线路总数。

根据（4-6），可以定量评估增加衔接不同线路数量的换乘站对整个网络换乘便捷性指数影响的大小。不难看出，网络上增加的多线换乘站数量越多，出行者换乘的总体便捷性越好。线网换乘便捷性指数变化值ΔK与线网上增加的换乘站衔接线路数呈二次方增长。

4.1.2 线网形态对出行时间效率影响

一般来说，乘客出行中会选择整个出行过程的广义费用值最小（效用值最大）的出行路径。本书定义网络出行效率为网络上所有居民从出发地到目的地的平均出行时间。

定义T_{ij}为i到j的出行时间，q_{ij}为i到j的客流需求，则各小区间的出行时间矩阵（OD需求矩阵）见表4-4。

表4-4 小区间的出行时间（需求）

小区	1	2	…	j	…	m
1	0（0）	T_{12}（q_{12}）	…	T_{1j}（q_{1j}）	…	T_{1m}（q_{1m}）
2	T_{21}（q_{21}）	0（0）	…	T_{2j}（q_{2j}）	…	T_{2m}（q_{2m}）
⋮	⋮	⋮	…	⋮	…	⋮
i	T_{i1}（q_{i1}）	T_{i2}（q_{i2}）	…	T_{ij}（q_{ij}）	…	T_{im}（q_{im}）
⋮	⋮	⋮	…	⋮	…	⋮
m	T_{m1}（q_{m1}）	T_{m2}（q_{m2}）	…	T_{mj}（q_{mj}）	…	0（0）

居民的出行时间为各种交通方式出行时间之和，定义 $\overline{T}$ 为所有小区间全部居民的平均出行时间，计算模型如下：

$$\overline{T} = \frac{\sum_{i}\sum_{j}\{\sum_{k}[f_{k}^{ij} \cdot (\sum_{m} t_{k}^{m} \cdot \delta_{m,k}^{ij})]\}}{\sum_{i}\sum_{j} q_{ij}} \tag{4-7}$$

$$t_{k}^{m} = \sum_{m}(\frac{l^{m}}{v^{m}} + t_{w}^{m} + t_{T}^{m}) \tag{4-8}$$

$$\sum_{k} f_{k}^{ij} = q_{ij} \tag{4-9}$$

$$f_{k}^{ij} \geqslant 0 \tag{4-10}$$

式中：$\overline{T}$——所有居民的平均出行时间，min；

f_{k}^{iij}——i 到 j 间第 k 条路径的乘客数，人；

t_{k}^{m}——i 到 j 间第 k 条路径上交通方式 m 的出行时间，min；

$\delta_{m,k}^{ij}$——交通方式—路径相关变量，0－1 变量，如果 i 到 j 间的第 k 条路径上采用交通方式 m 出行，则 $\delta_{m,k}^{ij}=1$，否则 $\delta_{m,k}^{ij}=0$；

l^{m}——采用交通方式 m 的出行距离，m；

v——交通方式 m 的旅行速度，m/min；

t_{w}^{m}——采用交通方式的等待时间，min；

t_{T}^{m}——采用交通方式的换乘时间，min。

城市轨道交通线网形态的差异导致城市轨道交通线路布局、车站布局、换乘站布局等存在差异。为研究不同线网形态对居民出行效率的影响，本书研究同一区域内，网格型、网格＋环线型、放射型、放射＋环线型这四种城市轨道交通线网形态下居民出行效率。

本书将区域平均划分 3×3 的方格小区，每个小区的都处在轨道交通车站附近，图 4－2（a）～（d）分别描述了 3×3 方格小区内不同线网形态下的城市轨道交通站点布局。

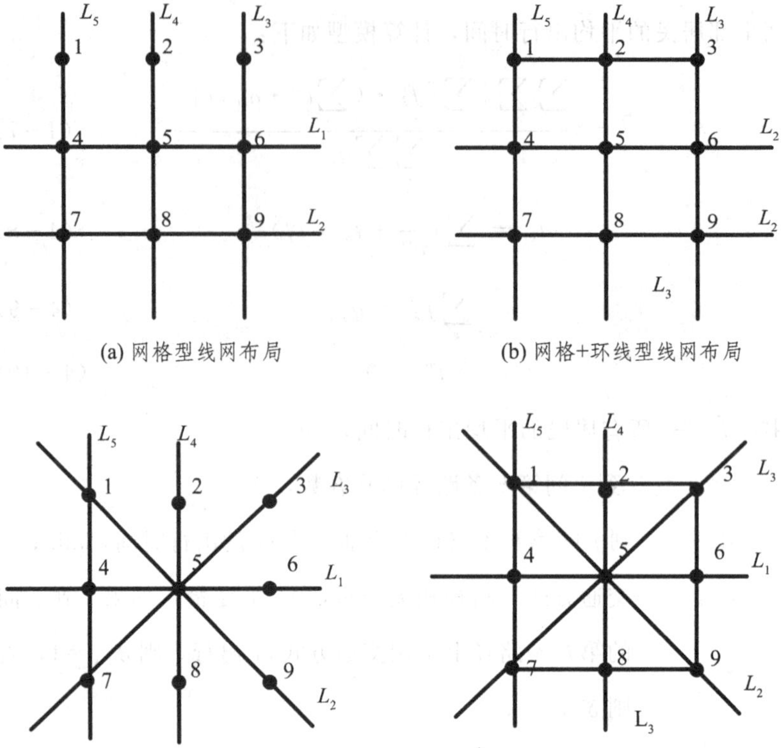

(a) 网格型线网布局　　(b) 网格+环线型线网布局

(c) 放射型线网布局　　(d) 放射+环线型线网布局

图 4－2　不同线网形态轨道交通布局

为分析不同网络布局下居民出行效率，将不同线网布局抽象成无向网络拓扑图，$G=<V, E>$，V 为点集合，车站和小区中心抽象成网络的节点；E 为两个节点间相连边的集合，将小区中心点与车站连接的线和车站间的连线抽象成网络的边。小区间居民出行路径可转换成网络中两节点间的有效路径，该有效路径的定义与 3.3.2 相同。

采用 Floyd 算法计算两点间的最短路，采用改进的广度优先算法计算两点间的有效路径数。

假设各小区间 OD 需求均为 100，相邻节点间轨道交通出行时间为 20 min，轨道交通不同线路之间换乘时间为 3 min。不考虑候车时间条件下，轨道交通线路分别按照网格型、网格＋环线型、放射型、放射＋环线型布局，对应的各小区间的出行时间矩阵见表4－5、表4－6、表4－7与表4－8。

表4－5 网格型线网形态小区间出行时间 min

小区	1	2	3	4	5	6	7	8	9
1	—	66	86	20	43	63	40	63	83
2	66	—	66	43	20	43	63	40	63
3	86	66	—	63	43	20	83	63	40
4	20	43	63	—	20	40	20	43	63
5	43	20	43	20	—	20	43	20	43
6	63	43	20	40	20	—	63	43	20
7	40	63	83	20	43	63	—	20	40
8	63	40	63	43	20	43	20	—	20
9	83	63	40	63	43	20	40	20	—

表4－6 网格＋环线型线网形态小区间出行时间 min

小区	1	2	3	4	5	6	7	8	9
1	—	20	40	20	43	60	40	63	80
2	20	—	20	43	20	40	63	40	60
3	40	20	—	63	43	20	83	63	40

续 表

小区	1	2	3	4	5	6	7	8	9
4	20	43	63	—	20	40	20	43	63
5	43	20	43						
20	—	20	43	20	43				
6	60	40	20	40	20	—	63	43	20
7	40	63	83	20	43	63	—	20	40
8	63	40	63	43	20	43	20	—	20
9	80	60	40	63	43	20	40	20	—

表 4－7　放射型线网形态小区间出行时间 min

小区	1	2	3	4	5	6	7	8	9
1	—	43	43	20	20	43	40	43	40
2	43	—	43	43	20	43	43	40	43
3	43	43	—	43	20	43	40	43	43
4	20	43	43	—	20	40	20	43	43
5	20	20	20	20	—	20	20	20	20
6	43	43	43	40	20	—	43	43	43
7	40	43	40	20	20	43	—	43	43
8	43	40	43	43	20	43	43	—	43
9	40	43	43	43	20	43	43	43	—

表 4－8　放射＋环线型线网形态小区间出行时间　min

小区	1	2	3	4	5	6	7	8	9
1	—	20	40	20	20	43	40	43	40
2	20	—	20	43	20	43	43	40	43
3	40	20	—	43	20	20	40	43	40
4	20	43	43	—	20	40	20	43	40
5	20	20	20	20	—	20	20	20	20
6	43	43	20	40	20	—	43	43	20
7	40	43	40	20	20	43	—	20	40
8	43	40	43	43	20	43	20	—	20
9	40	43	40	40	20	20	40	20	—

根据上述出行时间矩阵，按式（4－7）可计算得到不同线网形态下居民出行效率值，见表 4－9。

表 4－9　不同线网形态下的居民平均出行时间效率　min

线网形态	出行时间
网格型	45.3
网格＋环线型	41.2
放射型	40.7
放射＋环线型	36.1

从表 4－9 可以看出，不同线网形态出行效率依次为：放射＋环线型＞放射型＞网格＋环线型＞网格型。

放射型线网形态的车站分布相对分散，但外围小区与中心小区的可达性较好，出行较方便，对于单中心的城市结构，外围与中心城区间的OD需求大，放射型线网形态下居民出行效率高。

在放射型线网形态基础上增加环线，使轨道交通站点分布更加均匀，车站覆盖范围广，线网可达性好，出行效率高。网格型线网形态线路平行布置，线路间可达性较差，需要通过多次换乘到达目的地，出行效率较低。在网格线网形态基础上增加环线可以增加线网间可达性，提高出行效率。

4.2 车站换乘方式对乘客换乘时间效率的影响

根据北京交通发展研究中心的调查，公交出行中在车时间约占64%。换言之，其余时间的36%为端点及换乘时间[7]。换乘过程中，乘客最为关心的指标为换乘时间，换乘时间是城市轨道交通换乘设计、组织中重要考虑因素。受地形、线路走向等多种因素影响，城市轨道交通换乘站有多种换乘方式，不同换乘方式下换乘距离不同，进而影响换乘时间。

本节重点研究不同换乘站形式下的换乘时间。

4.2.1 换乘站基本形式

在城市轨道交通换乘站设计中，车站设计与线路走向紧密相关，两条线之间的换乘关系与效率取决于两条线路的走向和站位条件。根据换乘站的平面布置，换乘站的主要形式包括“一”字形、“L”形、

“T”形、“十”字形和“工”字形以及平行站台换乘等类型，如图4－3所示。

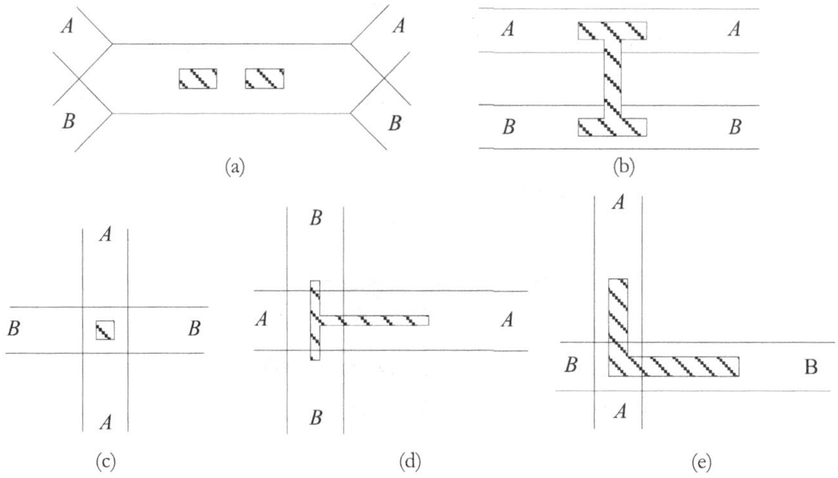

图4－3　换乘站平面布置形式

(a)“一”字形换乘站；(b)“工”字形换乘站；(c)“十”字形换乘站；(d)“T”形换乘站；(e)“L”形换乘站

换乘组织或流线设计的选择与换乘站形式密切相关。根据乘客换乘的流线组织方式，换乘站换乘组织方式分为同站台换乘、节点换乘、站厅换乘、通道换乘、站外换乘和组合换乘。

(1) 同站台换乘

同站台换乘也称“零距离”换乘，指两条不同线路的站线分设在同一个站台的两侧，使得乘客可以直接通过站台换乘另一条线路的车辆，是最高换乘效率的组织形式。同站台换乘的站台设计方案有两种：一是两个站台可在同一平面上平行布置，如图4－4（a）；二是按上、下双层立体布置，如图4－4（b）。

一般说来，双岛四线单站同台换乘站只能实现其中4个方向同台换乘；另外4个方向只能通过站厅层转换完成。连续设置两个双岛四线换乘站可实现两线间所有方向的同站台换乘。

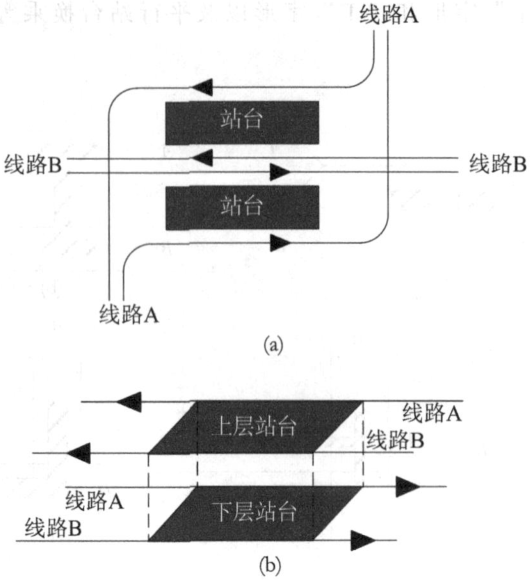

图 4－4　同台换乘示意图

(a) 站台同平面换乘；(b) 站台上下平行换乘

图 4－5 两个上下层站台换乘的相邻车站分别使用同平面同方向换乘和同平面反方向换乘两种布置形式，可实现两线所有方向同站台换乘。

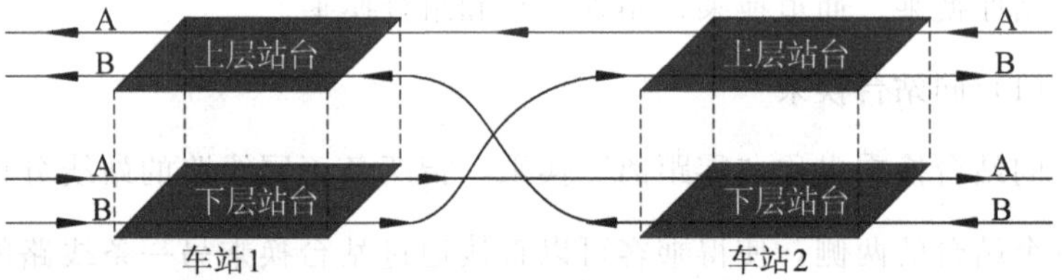

图 4－5　上下平行站台换乘组合车站布置形式

(2) 节点换乘

在两线交叉处，将两线隧道重叠部分的结构做成整体的节点，并采用楼梯将上下两座车站站台直接连通，乘客通过该自动扶梯或升降机及步行楼梯进行换乘，根据两线车站的交叉位置，形成“十”“L”

“T”共计3种布置形式。节点换乘乘客只需经过楼梯或者楼梯加上短通道完成换乘，换乘效率较高。

(3) 站厅换乘

站厅换乘为两线（或多线）共用站厅，或相互连通形成统一的换乘大厅，出站与换乘乘客都需要经过站厅，再根据相关导向标志出站或到另一个站台继续乘车。乘客换乘时必须先上再下（或先下再上），垂直高度大。另外在站厅层，进、出站与换乘客流存在相互交叉干扰，换乘效率较低。

(4) 通道换乘

两个车站之间设置单独的换乘通道供乘客换乘使用称为通道换乘。通道换乘方式布置较为灵活，对两线交角及车站位置有较大的适应性，预留工程少。通道换乘主要通过通道和楼梯实现两站台间的换乘，换乘距离视换乘通道的长短而定，由于受各种因素影响，换乘通道一般都较长，换乘效率较差。

(5) 站外换乘

站外换乘是乘客在车站付费区以外进行换乘，实际上是没有专用换乘设施的换乘方式，换乘距离远，换乘效率低。

4.2.2 换乘时间计算模型

换乘时间包括换乘走行时间和候车时间。换乘走行时间为从线路A站台换乘到线路B站台的走行时间，与走行速度和距离有关；候车时间为换乘乘客自到达站台起，到上车止的时间间隔。

(1) 换乘走行时间

在非同站台换乘方式下，乘客换乘过程包括从下车站台经楼梯、通道/站厅等换乘设施到达上车站台，换乘走行时间即为乘客经过各换乘设施的时间，由换乘距离和乘客走行速度决定，走行速度与乘客属性和设施属性有关。

$$t_w = \sum_{j=1}^{n} t_{wj} = \sum_{j=1}^{n} \frac{l_j}{v_j} \tag{4-11}$$

其中，t_w为总的换乘走行时间，t_{wj}为在设施j的走行时间，l_j为设施j的走行距离，v_j为经过设施j的走行速度，$j=1, 2, \cdots, n$。

(2) 候车时间

根据 4.3.1 分析可以将换乘方式分为同站台换乘和非同站台换乘两类，同站台换乘时，换乘走行时间基本可视为 0，候车时间为两线列车到达时间间隔。因此，本书主要对非同站台换乘的候车时间计算模型进行研究。

换乘过程中，换乘乘客随下车列车呈周期性到达上车列车，因此，换乘乘客的候车时间与进站乘客（可视为连续到达）的候车时间存在差异。

假设乘客在换乘站内从线路 A 换乘到线路 B，其对应的站台分别定义为 A 站台和 B 站台。定义线路 A 列车到站时刻为 0，t_w为第一个从 A 站台到达 B 站台的乘客走行时间，t_p为第一个换乘乘客到达 B 站台至所有换乘乘客到达 B 站台的时间，t_g为两列列车到站时间差，t_s为列车停站时间，h为列车发车间隔且假设不同线路的列车发车间隔相同。

图 4－6 描述了到达 B 站台的换乘乘客数量q随时间变化的一般关系。

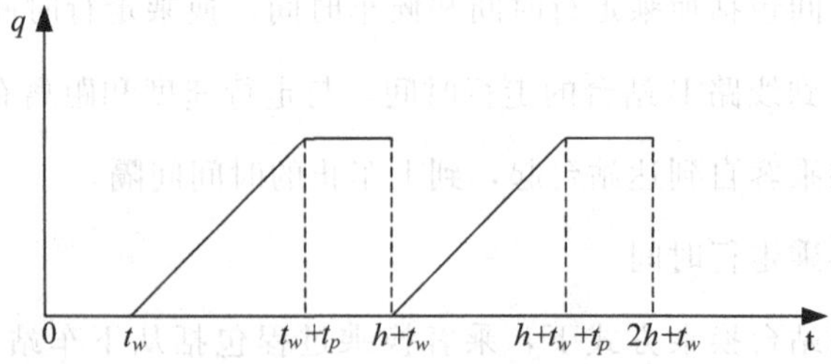

图 4－6　到达 B 站台换乘乘客数量随时间变化关系

定义$\overline{v_t}$为换乘乘客进入B站台的平均速率（单位：人/s），Q为所有换乘乘客数量，则有：

$$\overline{v_t}=\frac{Q}{t_p} \tag{4-12}$$

根据列车到站与换乘乘客到达站台的时刻关系，本书研究一个周期内不同情况换乘乘客平均候车时间。

①当$t_w<t_g$时，即换乘乘客开始进入B站台，列车还未到达。此时换乘乘客平均候车时间T_h计算模型如下：

$$t_h=\begin{cases}\dfrac{\int_w^{w+tp}(t_g-t)\,\overline{v_t}\mathrm{d}t}{\int_w^{w+t_p}\overline{v_t}\mathrm{d}t} & t_w+t_p<t_g\\[2ex] \dfrac{\int_w^{g}(t_g-t)\,\overline{v_t}\mathrm{d}t}{\int_w^{w+t_p}\overline{v_t}\mathrm{d}t} & t_g\leqslant t_w+t_p<t_g+t_s\\[2ex] \dfrac{\int_w^{g}(t_g-t)\,\overline{v_t}\mathrm{d}t+\int_{t_g+t_s}^{w+t_p}(h+t_g-t)\,\overline{v_t}\mathrm{d}t}{\int_{t_w}^{w+t_p}\overline{v_t}\mathrm{d}t} & t_g+t_s\leqslant t_w+t_p\end{cases}$$

(4－13)

②当$t_g<t_w<t_g+t_s$时，即换乘乘客进入B站台前，列车已经到达。此时换乘乘客平均候车时间T_h计算模型如下：

$$t_h=\begin{cases}0, & t_w+t_p<t_g+t_s\\[2ex] \dfrac{\int_{t_g+t_s}^{t_g+h}(h+t_g-t)\,\overline{v_t}\mathrm{d}t}{\int_{t_w}^{t_w+t_p}\overline{v_t}\mathrm{d}t}, & t_g+t_s\leqslant t_p<t_g+h\\[2ex] \dfrac{\int_{t_g+t_s}^{t_g+h}(h+t_g-t)\,\overline{v_t}\mathrm{d}t}{\int_{t_w}^{t_w+t_p}\overline{v_t}\mathrm{d}t}, & t_w+t_p\geqslant t_g+h\end{cases} \tag{4-14}$$

③当 $t_g+t_s<t_w<t_g+h$ 时，即换乘乘客开始进入B站台，前一列列车已经离开，此时换乘乘客平均候车时间 t_h 计算模型如下：

$$t_h=\begin{cases}\dfrac{\int_{w}^{t_w+t_p}(h+t_g-t)\,\overline{v_t}\mathrm{d}t}{\int_{w}^{t_w+t_p}\overline{v_t}\mathrm{d}t}, & t_w+t_p<t_g+h\\[2ex]\dfrac{\int^{t_g+h}(h+t_g-t)\,\overline{v_t}\mathrm{d}t}{\int_{t}^{t_w+t_p}w\,\overline{v_t}\mathrm{d}t}, & t_h+h\leqslant t_w+t_p<t_g+t_s+h\end{cases}\tag{4-15}$$

④当 $t_w>t_g+nh$（$n=1，2，3，4，\cdots$）时，即第1个周期的换乘乘客到达B站台，第 $n+1$ 个周期的列车到达，此时换乘乘客平均候车时间 t_h 计算模型如下：

$$t_h=\begin{cases}0, & t_w+t_p<t_g+t_s+nh\\[2ex]\dfrac{\int_{t_g+t_s+nh}^{t_w+t_p}[(n+1)h+t_g-t]\,\overline{v_t}\mathrm{d}t}{\int_{t}^{t_w+t_p}\overline{v_t}\mathrm{d}t}, & t_w+t_p\geqslant t_g+t_s+nh\end{cases}\tag{4-16}$$

不难看出：换乘乘客平均候车时间与换乘走行时间、列车停站时间、不同线路列车到站时间差等因素相关。不同换乘方式下，乘客的换乘距离不同，换乘距离直接影响着换乘走行时间。下面分析不同换乘距离下乘客的平均候车时间和换乘时间的关系。

图4－7、图4－8分别为两线列车到达时间差为0 s，30 s，60 s，90 s，120 s下，换乘乘客平均候车时间、平均换乘时间随换乘距离（除特别说明外，本节中的换乘距离均指除楼梯外的通道或站厅的换乘距离）的变化关系，定义乘客的楼梯、通道、站厅走行速度为 $v_{楼梯}$、$v_{通道}$、$v_{站厅}$，楼梯的折算距离为 l 楼梯，乘客在楼梯的走行时间即为 $l_{楼梯}/v_{楼梯}$，计算参数见表4－10。

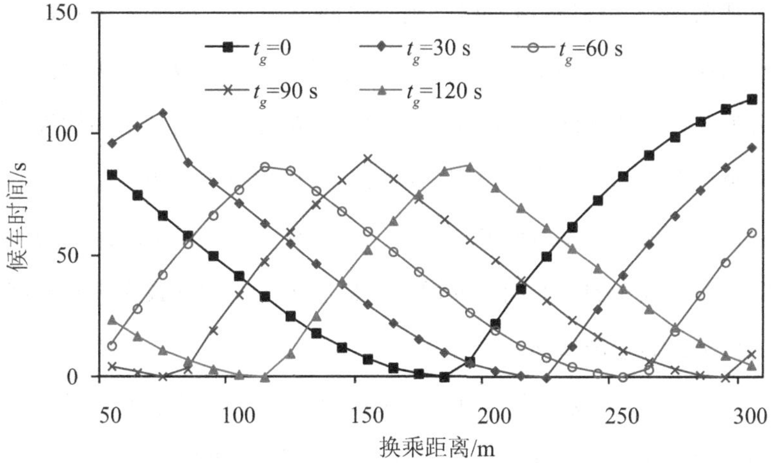

图 4－7　不同列车到达时间差下平均候车时间随换乘距离的变化关系

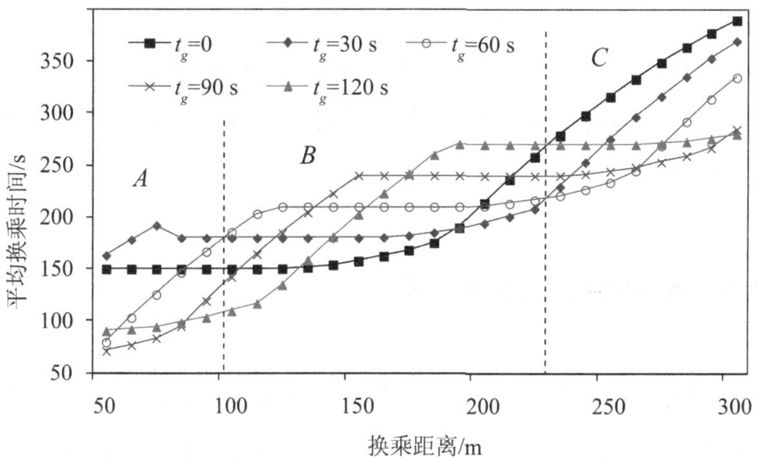

图 4－8　不同列车到达时间差下平均换乘时间随换乘距离的变化关系

表 4－10　计算参数

t_s	t_p	H	$v_{楼梯}$	$v_{通道}$，$v_{站厅}$	$l_{楼梯}$
60 s	60 s	180 s	0.8 m/s	1.2 m/s	10 m

从图 4-7 可以看出，列车到达时间差不同，换乘距离对换乘乘客平均候车时间影响不尽相同，但变化规律基本一致，候车时间均在最大值和最小值之间随换乘距离周期性振荡变化，列车的周期性到达是导致候车时间随换乘距离周期性振荡变化的根本原因。进一步分析可以得到，最大候车时间基本在 100 s 左右，最小候车时间均为 0 s，且随着两线列车到达时间差的增加，最小候车时间和最大候车时间对应的换乘距离逐渐增加。

从图 4-8 可以看出，随着换乘距离的增加，换乘乘客平均换乘时间增加。换乘距离在短距离（图中 A 区域）和长距离（图中 C 区域）下，换乘距离对平均换乘时间影响较大，且两列列车到达时间差越小，平均换乘时间越大；换乘距离在中长距离下（图中 B 区域），平均换乘时间随换乘距离的增加变化较小，且两列列车到达时间差越大，平均换乘时间越大。当换乘距离超过 230 m 时，平均换乘时间达到 4 min 以上。

4.2.3 典型换乘形式换乘时间

不同的换乘方式，换乘时间不同。一般来说，同站台换乘形式换乘时间最短，节点换乘形式次之，站厅换乘和通道换乘时间视通道长度和站厅长度而定，一般换乘时间较长。实际过程中一般难以实现换乘站所有方向都采用换乘效率高的换乘方式，需要多种换乘方式的结合，因此，换乘站不同换乘方向的换乘时间存在差异。本书用乘客平均换乘时间表征换乘站的换乘时间，即为换乘站不同换乘方向所有乘客换乘时间的平均值，如式（4-17）所示：

$$\overline{T}=\frac{\sum Q_i\cdot t_i}{\sum Q_i}=\frac{\sum Q_i\cdot(t_{hi}+t_{wi})}{\sum Q_i} \tag{4-17}$$

式中，$\overline{T}$ 为平均换乘时间，Q_i 为换乘方向 i 的换乘乘客量，t_i，t_{hi}，t_{wi} 分别为换乘方向 i 的换乘时间、候车时间、换乘走行时间。

城市轨道交通线网两线衔接和三线衔接的换乘站较为普遍，本书分别研究两线换乘和三线换乘不同的换乘方式下，换乘乘客的平均换乘时间变化规律。

图 4－9 为两线换乘站的典型换乘方式，其中图 4－9（a）为“一”字形布置形式，线路 A，B 异方向采用同站台换乘，A，B 同方向通过楼梯和站厅完成换乘；图 4－9（b）为“T”形布置形式，线路 A 到 B 采用通道换乘，B 到 A 通过楼梯完成换乘。两种布置形式下均有一个方向需要通过站厅或通道完成换乘，站厅/通道的换乘距离会影响所有换乘乘客的平均换乘时间。

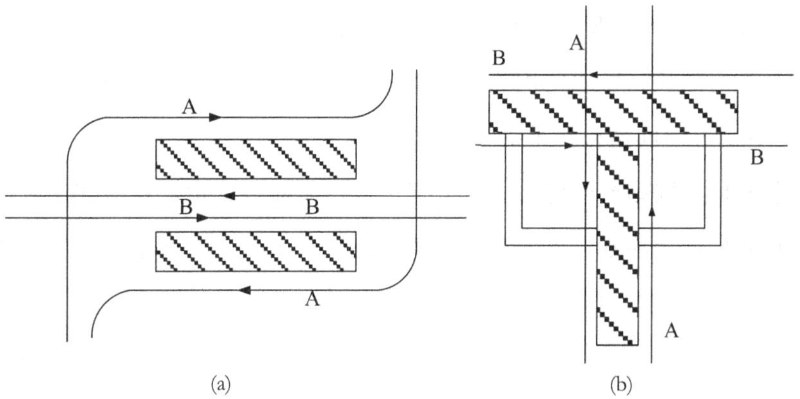

图 4－9　两线换乘站典型形式

(a)“一”字形；(b)“T”形

假设各个换乘方向的换乘客流量都一样，线路 A，B 的列车到达时间差为 120 s（即 A 列车到达时刻为 0，B 列车到达时刻为 120），其他参数同表 4－9，则平均换乘时间随站厅/通道换乘距离的变化关系如图 4－10 所示。

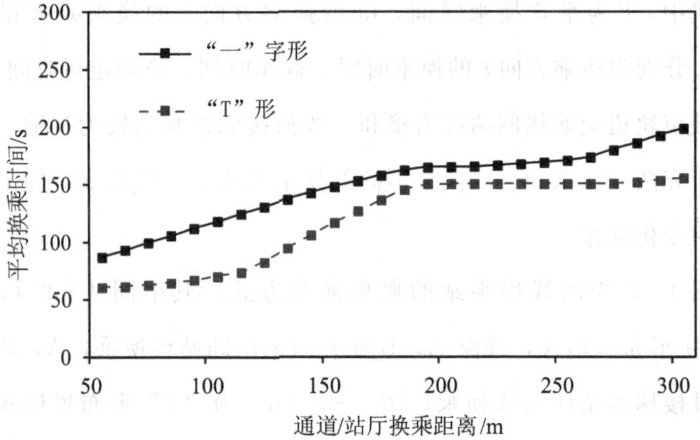

图 4-10　平均换乘时间随换乘距离的变化规律

从图 4-10 可以看出，随着换乘距离的增加，平均换乘时间增加，若“一”字形的 A，B 不同方向的站厅换乘距离大于或等于“T”形 A 到 B 通道换乘的距离，“一”字形的平均换乘时间比“T”形平均换乘时间长。可能是因为两列列车达到时间差较大，“一”字形的 A，B 同方向同站台换乘的候车时间长，再加上假设的各个方向的客流量相同，同站台的优势并未体现出来，实际过程中，在主客流方向上设置同站台换乘且不同列车时刻表协调，则“一”字形的布置形式乘客平均换乘时间更短。

图 4-11 描述了三线换乘站的典型布置形式。其中，图 4-11（a）为“一”字形布置形式，A 与 B，B 与 C，A 与 C 可实现异方向同站台换乘，其他方向需要通过楼梯、站厅来实现换乘。

图 4-11（b）为三角形布置形式，线路 A，B，C 之间采用楼梯+站厅换乘。

图 4-11（c）为“大”字形布置形式，线路 A 到 B 采用站台之间换乘，线路 B 到 A 采用通道换乘，A，B 与 C 及 C 与 A，B 采用楼梯+通道换乘。A，B 列车到达时间差为 120 s；B，C 列车到达时间差为 120 s；A，C 列车到达时间差为 60 s。

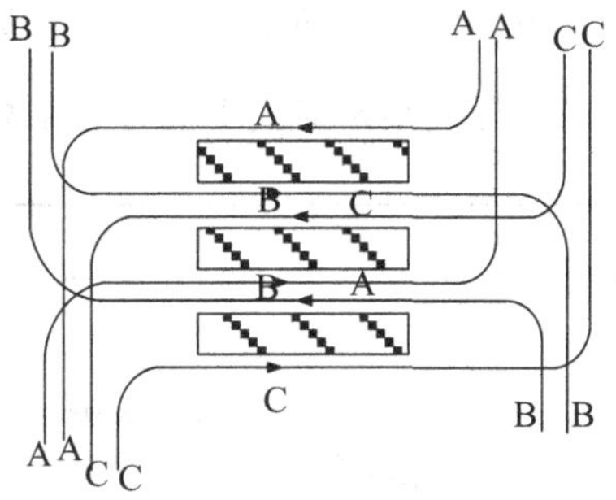

(a)

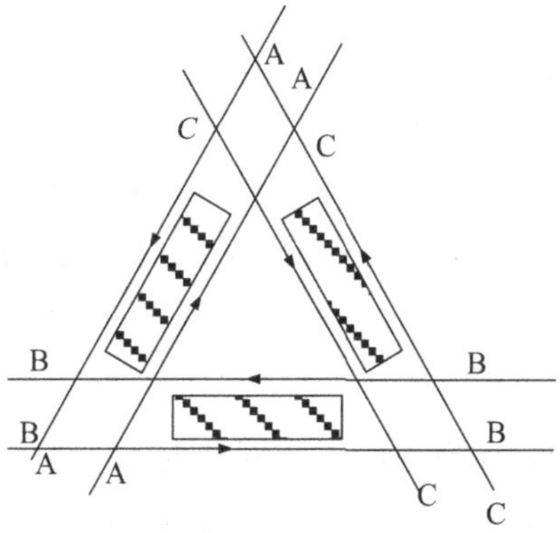

(b)

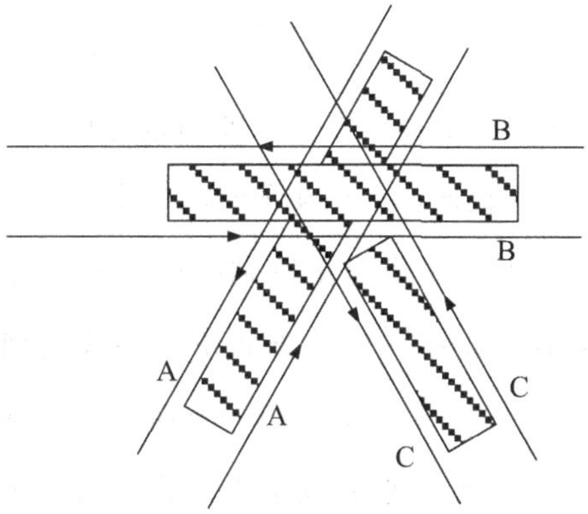

(c)

图 4－11　三线换乘站典型形式

(a)“一”字形；(b) 三角形；(c)“大”字形

采用与表 4－6 相同的计算参数，各换乘方向客流量均相同，可以得到上述三种布置图条件下线间平均换乘时间随换乘距离变化的关系。图 4－12 描述了三种换乘站形式下的计算结果。

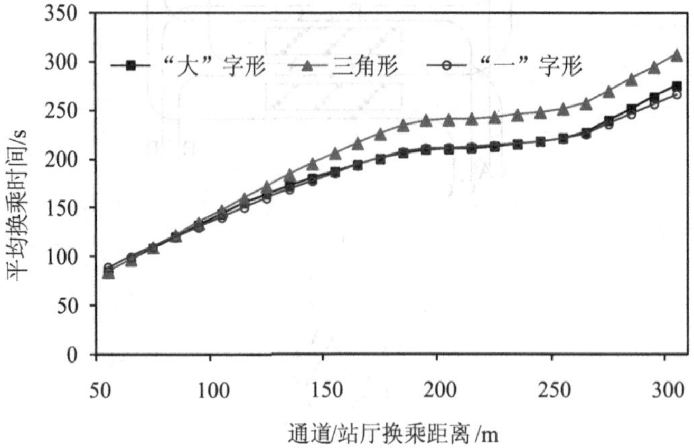

图 4－12　平均换乘时间随换乘距离的变化规律

从图 4－12 可以看出，三种布置形式的平均换乘时间均随换乘距离的增加而增加，在换乘距离相同情况下，“一”字形布置形式平均换乘时间最小，“大”字形次之，三角形最大，且“大”字形和“一”字形平均换乘时间相差较小。

此外，“一”和“大”字形换乘站可以实施换乘效率高的同台换乘和站台间换乘；而三角形换乘方式只能通过通道或站厅完成各线路之间的换乘，换乘效率较低，平均换乘时间较小。

根据 4.2.2 所述不同线路列车达到时间差对候车时间、换乘时间的影响分析，本节研究不同换乘方式下，各线路列车到达时间差对换乘时间的影响。图 4－13（a）（b）分别为不同列车到达时间差下，“一”字形和“T”形换乘方式下平均换乘时间随换乘距离的变化规律。

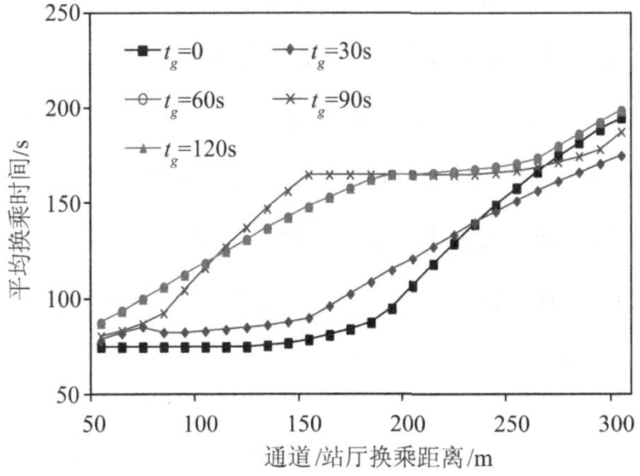

(a)

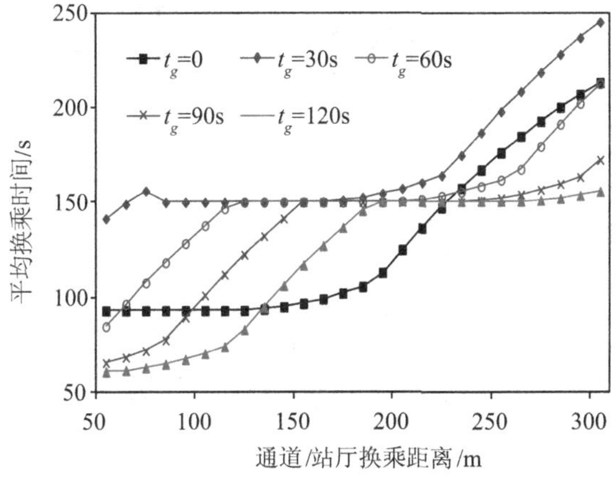

(b)

图 4－13　不同换乘形式下列车到达时间差对平均换乘时间的影响

(a)“一”字形；(b)“T”形

从图 4－13 可以看出，“一”字形换乘方式平均换乘时间较小，“T”形换乘方式的平均换乘时间总体上大于“一”字形。同时，“T”形换乘方式的平均换乘时间存在平稳区间，此区间平均换乘时间与换乘距离关系不大，且不同列车到达时间差下的平稳平均换乘时间大致相同。此外，换乘方式与列车时刻表两者协调可缩小平均换乘时间，提高换乘效率。

在换乘组织方案设计中，当各换乘方向难以全部采用换乘效率高的换乘方式时，一般可考虑在主换乘方向采用较高效率的换乘方式，即换乘客流大的换乘方向采用较高效率的换乘方式。

图 4－14（a）（b）分别为不同客流比例下，“一”字形和“T”形换乘站布置形式平均换乘时间随换乘距离变化的关系。其中，图4－14（a）中 Q_1，Q_2 分别为同站台换乘、非同站台换乘客流量；图4－14(b) 中 Q_1，Q_2 分别为线路 A 到 B 的换乘客流、线路 B 到 A 的换乘客流。

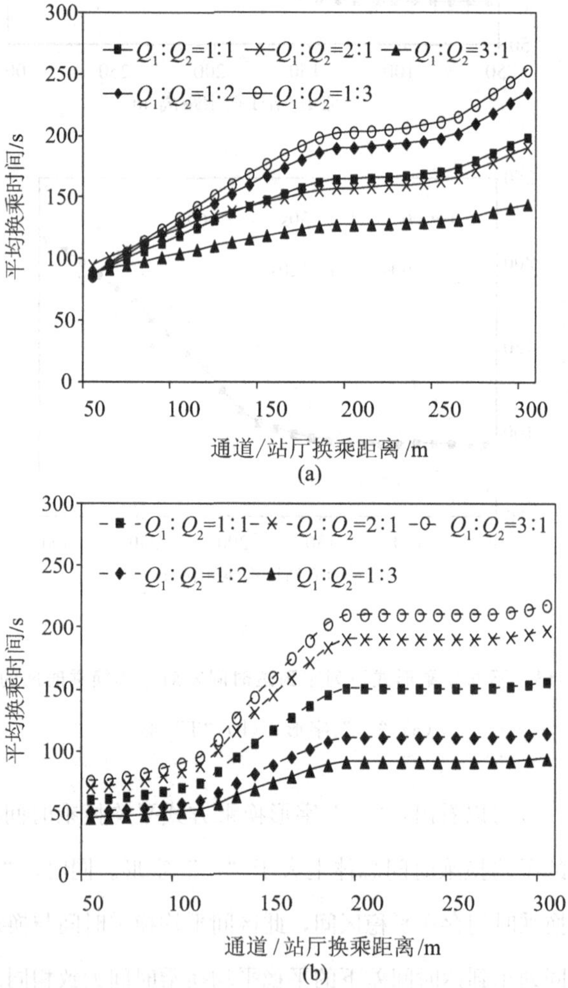

图 4－14　不同流量比例下平均换乘时间与换乘距离变化关系

(a)“一”字形换乘站；(b)“T”形换乘站

从图 4－14（a）可以看出，对“一”字形换乘站来说，不同客流比例下，平均换乘时间随换乘距离变化的规律相近。对单方向同站台换乘站来说，同站台换乘的客流量比例越大，两线间的平均换乘时间越小。

图 4－14（b）表明，“T”形换乘站平均换乘时间随换乘距离的变化规律基本相同；站台间直接换乘的客流量比例越大，该类站的平均换乘时间越小。

因此，对于条件受限的部分换乘站来说，在日常运输组织工作中，注意在换乘客流量大的换乘方向采用换乘效率高的换乘方式，可降低换乘乘客的平均换乘时间，提高换乘效率。

4.3 实证研究

为进一步验证本书前面提出的相关概念与方法，下面分别对国内外部分典型城市的城市轨道交通网络和几个典型换乘站进行实证研究，从线网形态和换乘组织方法进行分析。

4.3.1 线网形态对换乘影响实证分析

本书选取国内外 18 个城市的轨道交通作为研究，其城市轨道交通车站数大于 100 或运营里程大于 100 km，选取的城市轨道交通具有一定代表性。各城市轨道交通基本特征见表 4－11。

从表 4－11 可以看出，各城市轨道交通换乘站比例基本在 30％以下，且各城市轨道交通的换乘站数量和换乘站比例有很大差别，换乘站数量最少为 2 个，最多为 56 个，换乘站比例在［1.4%，27.3%］范围内波动。

表 4－11　各城市轨道交通线网基本特征

城市	线网换乘便捷性指数	车站数	线路数	换乘站数	运营里程/km	开通时间
东京	19.2	205	13	56	312	1927.12.30
伦敦	18.0	270	11	35	433	1863.1.10
巴黎	16.4	292	14	54	214	1900.7.19
首尔	11.5	419	16	47	314	1974.8.15
马德里	9.8	240	12	38	286	1919.10.17
上海	8.8	253	12	34	462	1995.4.10
莫斯科	8.2	146	11	26	313	1935.5.15
墨西哥	6.2	163	12	28	180	1969.9.5
巴伦西亚	5.6	156	5	10	175	1988.10.3
圣保罗	5.5	141	11	16	74	1974.9.14
北京	5.2	229	17	38	456	1969.10.1
深圳	5.2	118	5	13	178	2004.12.28
圣地亚哥	4.6	120	7	16	102	1975.9.15
香港	4.6	82	10	18	218	1979.10.1
广州	3.5	130	8	14	236	1999.6.28
釜山	3.2	121	5	8	131	1985.7.19
波士顿	1.0	124	4	2	103	1897.9.1
新德里	0.7	140	6	2	193	2002.12.24

注：除开通时间和数据来源于 http：//mic－ro.com/metro/table.html，其他数据均来源于各城市轨道交通官网，时间截至 2013 年 10 月。

以上述城市的城市轨道交通网络为对象，结合不同城市线网布局类型，可以得到国内外各城市线网换乘便捷性指数随布局类型的变化规律，如图 4－15 所示。

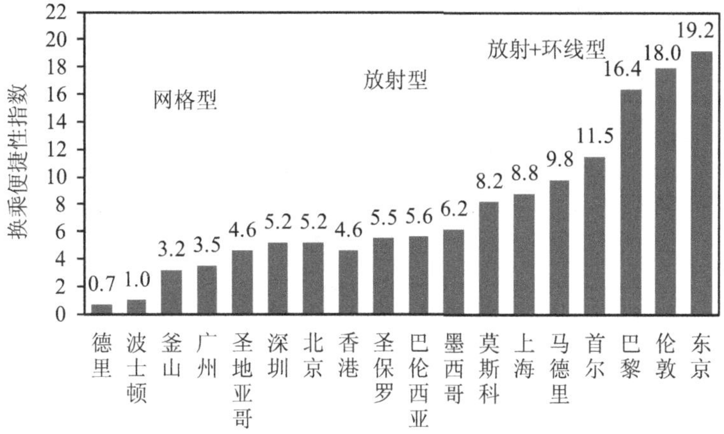

图 4－15　各城市轨道交通网络换乘便捷性指数/*K*

从图 4－15 可以看出，放射＋环线型一组网络的便捷性指标较高，网格型组的线网便捷性指标值平均较低，其中有环线的城市指数略高。进一步分析表明：城市轨道交通系统规模较大的城市，如东京、伦敦、巴黎等城市，其线网形态多为放射＋环线型，这些城市换乘便捷性指数较高。此外，换乘站数量和线网规模、线网形态有关，线网规模越大，线网交织越多，换乘站数量越多。

将上述国内外 18 个城市轨道交通线网分成网格（方格）型、放射型和放射＋环线型，图 4－16、图 4－17 描述了换乘站数量、多线换乘站数量及其比例和线网规模、线网形态的关系。

从图 4－16 可以看出，线网规模相同情况下，放射＋环线型线网形态的换乘站数量、多线换乘站数量大于放射型，方格型线网形态换乘站数量、多线换乘站数量最小；相同线网形态下，线网规模越大，换乘站数量越多。

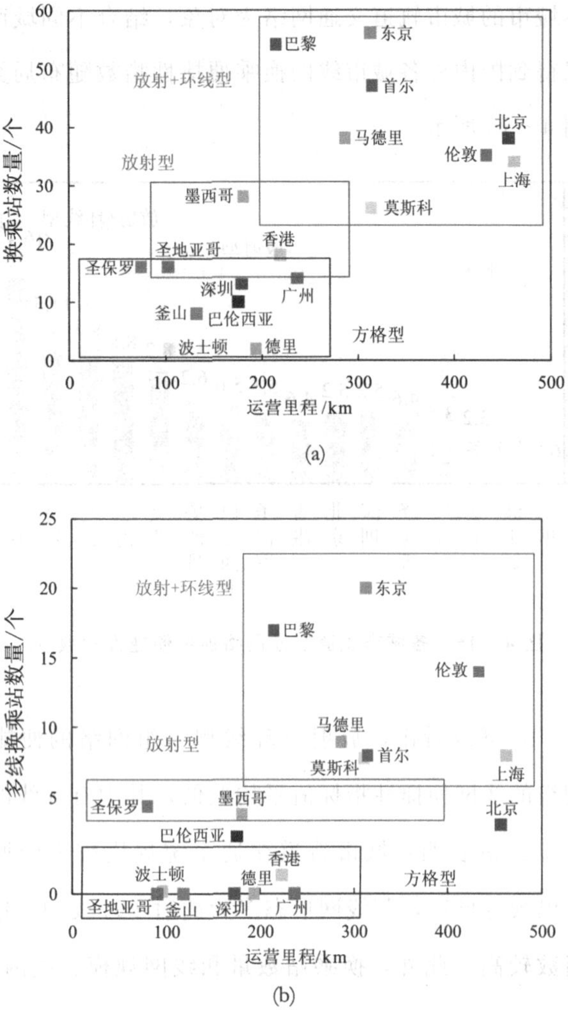

图 4－16　换乘站数量和线网规模、线网形态的关系

(a) 换乘站数量和线网规模、线网形态的关系；

(b) 多线换乘站数量和线网规模、线网形态的关系

从图 4－17 可以看出，线网规模相同情况下，放射＋环线型线网形态的换乘站数量比例、多线换乘站数量比例大于放射型，方格型线网形态换乘站数量比例、多线换乘站数量比例最小；相同线网形态下，线网规模越大，换乘站数量比例越多。

北京轨道交通线网属于较典型的方格型，但是因其线网中有两条

环线，再加上北京线网规模大，因此北京换乘站数量处于较高水平，但其多线换乘站数量仅为3个，且换乘站比例仅为16.6%，与国外几个发达的城市轨道交通系统还有一定差距。

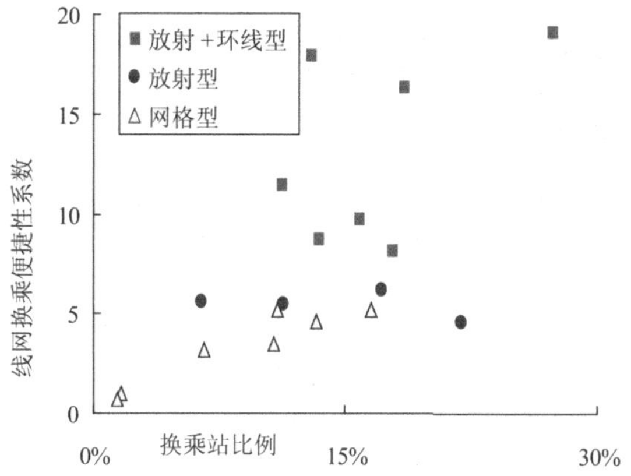

(a)

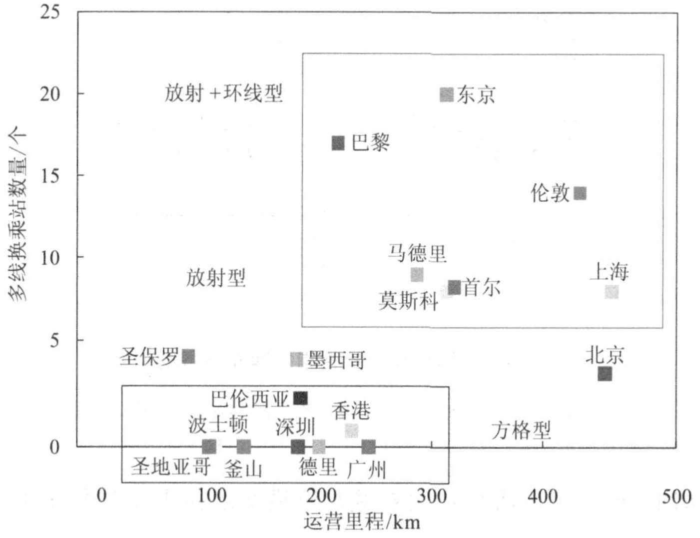

(b)

图4－17　换乘站数量比例和线网规模、线网形态的关系

(a) 换乘站数量比例和线网规模、线网形态的关系；

(b) 多线换乘站数量和线网规模、线网形态的关系整理表 4－11 中城市轨道交通线网的站点数和线网换乘便捷性指数，得到二者之间变化关系如图 4－18 所示。

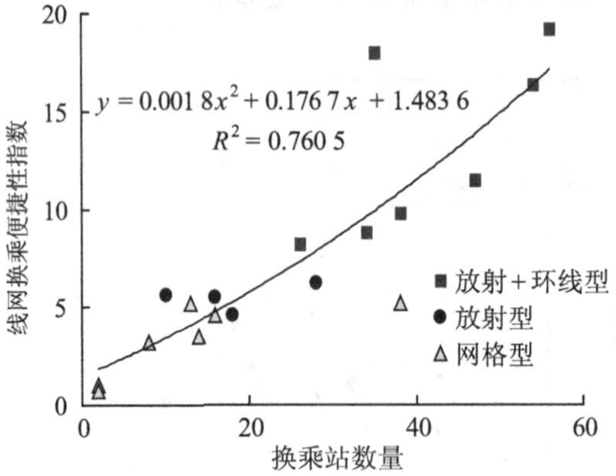

(a)

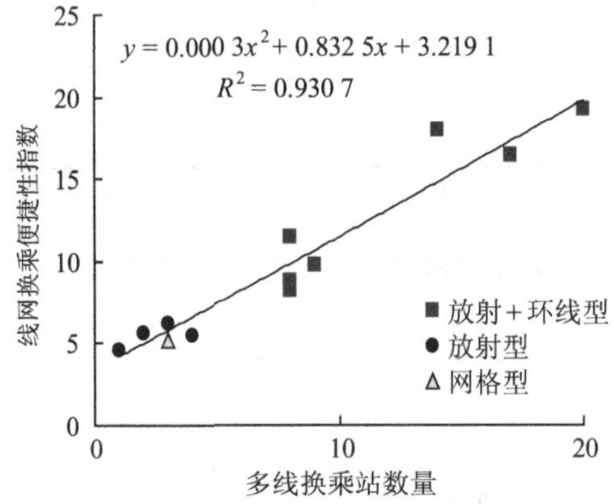

(b)

图 4－18　线网换乘便捷性指数和车站数的关系

(a) 换乘站数量影响因素；(b) 多线换乘站数量影响因素

从图 4－18 可以看出，随着城市轨道交通换乘车站数量的增加，线网换乘便捷性指数呈现增长趋势，即大部分城市在轨道交通发展过程中，随着线路里程、线路数量的增加的增长，其对换乘车站、多线换乘车站数量的重视程度越高，综上所述，线网形态主要影响换乘站数量和多线换乘站数量，从而导致不同线网形态换乘便捷性指数的差异。放射＋环线线网形态的换乘站数量和多线换乘站数量多，网络可达性好，换乘便捷性高，网格型线网形态换乘站数量较少，且线网中多为两线相交的换乘站，多线换乘站的数量少，因此，各线路间的换乘不便捷，换乘便捷性差。此外，线网换乘便捷性指数随着车站数量的增加而呈现上升趋势。

4.3.2 车站换乘方式及换乘组织实证分析

前述研究表明：换乘衔接线路越多，线间换乘越便捷，网络换乘便捷性越好；换乘距离越短，平均换乘时间越短，换乘站运行效率越高。本节选取典型的多线换乘站纽约时代广场站-42 街站（图 4－19）和典型的同站台换乘站香港油塘站一调景岭站（图 4－20）进行实证分析，分析其换乘方式及组织方案。

（1）纽约时代广场-42 街站

纽约时代广场-42 街站总共连接 5 条轨道交通线路，服务 11 条行车线路。时代广场站直接连接了 4 条轨道线路，分别为 IRT 系统百老汇一第七大道线（ITR 7th Broadway－Avenue Line）、BMT 系统百老汇线（BMT Broadway Line）2 条纵向线路和 ITR 系统 42 街接驳线（ITR 42nd Street Shuttle）、ITR 系统法拉盛线（ITR Flushing Line）2 条横向线路，其中第七大道线上的行车线路为 1，2，3 号线，BMT 百老汇线上的行车线路为 N，Q，R 线，ITR 系统 42 街接驳线行车线路为 S 线，ITR 系统法拉盛线行车线为 7 号线。另外，时代广场站通过大约长 300 m 的地下通道与港务局巴士总站（42 Street－Port Authority Bus Terminal）连通，间接连接了 IND 系统第八大道线（IND 8th Avenue Line），行车线路为 A，C，E 线。该站的线路衔接情况如图 4－19 所示。

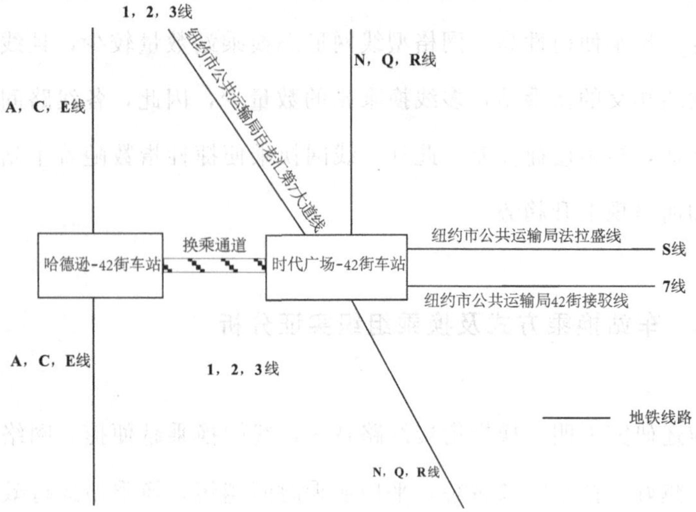

图 4－19　时代广场－42 街站线路衔接情况

时代广场站上下两个夹层是不同线路之间换乘的必经通道，夹层把各条轨道线隔开，各线路间的换乘主要是楼梯、扶梯或电梯与通道相结合的方式来完成，即先通过上下楼梯到达某个夹层后再经过通道到达换乘线路站台。其地下布局如图 4－20 所示。

上部夹层一端的通道直接和 S 线相连，夹层两侧的楼梯向下可分别通向 1，2，3 号线和 N，Q，R 线的站台，另外还有两部扶梯直接通向最下层 7 号线的站台中央。上层的 S 线与其下方的 1，2，3 号线和 N，Q，R 线的换乘十分便捷。

下部夹层主要作为连接 IND 第八大道线的地下通道，换乘到 A，C，E 线的乘客必须先到达下部夹层，向西经过换乘通道后到达港务局巴士总站，换乘乘车线路；上下夹层之间也有直接的楼梯相连，更好地满足不同线路之间的换乘需要。

①S 线与其他线路换乘方式。

S 线只在时代广场站和中央车站两站之间运营。S 线经过通道到

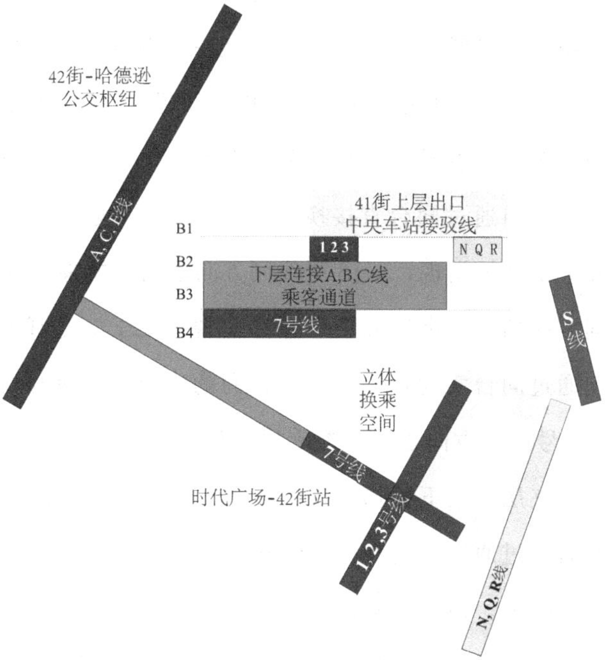

图 4－20　时代广场－42 街站地下不同层次线路布局结构图

达上层夹层，然后通过楼梯可实现与 1，2，3 号线和 N，Q，R 线之间的换乘，通过扶梯可实现与最底层的 7 号线的换乘，通过楼梯到达下层夹层，然后通过一个约 304 m 的长通道到达 IND 第八大道线站台，实现与 A，C，E 线之间的换乘。

②Q，N，R 线间及与其他线路换乘方式。

BMT 百老汇线运行 Q，N，R 线三条线路，Q 线通过同台可实现与 R/N 线某一方向的换乘，通过夹层和楼梯可实现与 R/N 另一方向间的换乘，Q，N，R 线通过楼梯到达上层夹层，然后通过通道可实现与 S 线换乘，通过楼梯到达 IRT 第七大道线站台，与 1，2，3 号线换乘，通过向下楼梯或扶梯可到达 7 号线站台，与 7 号线换乘。到达下层夹层，然后经过约 304 m 的通道到达 IND 第八大道线站台，实现与 A，C，E 线之间的换乘。

③1，2，3 号线间及与其他线路换乘方式。

IRT 第七大道线运行 1，2，3 号线三条线路，1 号线为慢车线，使用外侧轨道，3 号线为快线，使用内侧轨道，2 号线白天为快车线，凌晨后为慢车线，要从内侧轨道转到外侧运行。白天 1 号线与 2，3 号线的某一方向通过同台直接换乘，与 2，3 号线另一方向换乘需通过夹层和上下楼梯实现，2，3 号线同方向之间的换乘通过同台即可完成，不同方向的通过夹层和上下楼梯实现；晚上 3 号线与 1，2 号线某一方向通过同台实现换乘，另一方向的通过夹层和楼梯实现换乘，1 号线和 2 号线同方向之间的换乘通过站台直接换乘，不同方向之间的换乘通过夹层和上下楼梯实现。1，2，3 号线通过上楼梯到达上层夹层，然后通过通道、楼梯、扶梯分别实现与 S 线，N，Q，R 线，7 号线之间的换乘。通过楼梯到达下层夹层，经过约 304 m 的通道到达 IND 第八大道线站台，实现与 A，C，E 线之间的换乘。

④7 号线与其他线路换乘方式。

7 号线通过扶梯到达上层夹层，然后通过通道与 S 线换乘，通过楼梯实现与 1，2，3 号线和 N，Q，R 线的换乘。通过楼梯到达下层夹层，经过约 304 m 的通道到达 IND 第八大道线站台，实现与 A，C，E 线之间的换乘。

⑤A，C，E 线间及与其他线路换乘方式。

IND 第八大道线有 4 股轨道线，有 2 个岛式站台，该线路运行 A，C 和 E 线三条行车线路，A 线与 C，E 线某一方向的换乘通过同台直接完成，与另一方向的换乘通过站厅和上下楼梯完成，C，E 线同一方向之间的换乘通过同台换乘，不同方向的通过站厅和上下楼梯完成换乘，A，C，E 线经过约 304 m 的通道到达下层夹层，然后通过下楼梯实现与 7 号线的换乘，上楼梯到达上层夹层后，通过通道与 S 线实现换乘，从上层夹层下楼梯实现与 1，2，3 号线和 N，Q，R 线的换乘。

各线路间的换乘方式见表4－12。

表4－12　各线路间的换乘方式

线路	线路间换乘方式				
	S线	N，Q，R线	1，2，3号线	A，C，E线	7号线
S	—	夹层＋楼梯	夹层＋楼梯	夹层＋通道	夹层＋扶梯
N，Q，R	夹层＋通道	同台、夹层＋楼梯	夹层＋楼梯	夹层＋通道	夹层＋扶梯
1，2，3	夹层＋通道	夹层＋楼梯	同台、夹层＋楼梯	夹层＋通道	夹层＋扶梯
A，C，E	通道＋夹层	通道＋夹层＋楼梯	通道＋夹层＋楼梯	同台、站厅＋楼梯	通道＋楼梯
7	扶梯＋通道	扶梯＋夹层＋楼梯	扶梯＋夹层＋楼梯	楼梯＋通道	—

尽管时代广场站衔接多条轨道交通线路，但各线之间的换乘方便，通过夹层，辅助楼梯和扶梯或短通道即可完成各线路间的换乘，换乘效率较高。

（2）香港油塘站一调景岭站

①车站概况及衔接线路。

油塘站、调景岭站是香港地铁观塘线和将军澳线两个连续的同站台换乘站。油塘站设有3层，车站出口、站厅及商店于位U3层，站台位于U1及U2层，U1层主要是观塘线1号站台（往调景岭）及将军澳线4号站台（往北角）；而U2层是观塘线2号站台（往油麻地）及将军澳线3号站台（往调景岭）。

调景岭站L1层为观塘线2号站台（往油塘）及将军澳线4号站台（油塘）；L2层为观塘线1号站台（观塘线终点站）及将军澳线3号站台（往宝林/康城）。线路布局如图4－21所示。

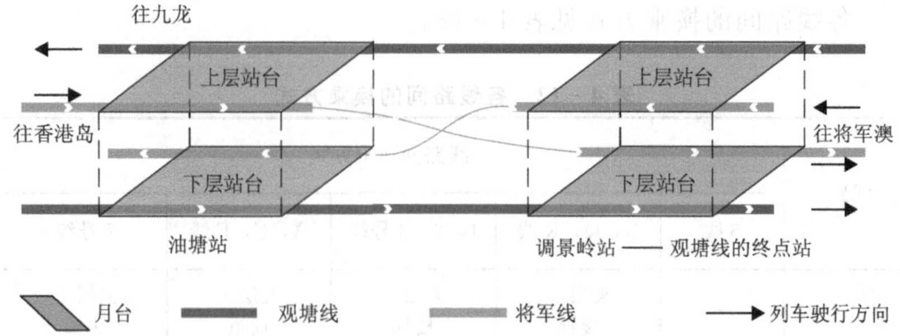

图 4－21　油塘站一调景岭站换乘布局

②换乘方案。

油塘一调景岭两个换乘站是香港的一个组合式同台换乘站，采用的是典型的上下平行站台换乘组合车站布置形式，可以实现所有换乘方向的站台直接换乘，换乘效率极高。沿线路相反方向的同台换乘在油塘站实现，沿线路相同方向的同台换乘在调景岭站实现。

从九龙前往香港岛的乘客可以在油塘站下车，由观塘线站台步行至将军澳线站台，转乘前往北角的列车去香港岛；从香港岛前往九龙的乘客可在油塘站下车，由将军澳线站台步行至观塘线站台，转乘前往油麻地方向的列车。从九龙前往将军澳区域的乘客可在调景岭车站下车，由观塘线站台步行至将军澳线站台，转乘前往宝琳/康城方向的列车；从将军澳区域前往九龙的乘客可在调景岭车站下车，由将军澳线站台步行至观塘线站台，转乘前往油麻地方向的列车。

（3）改进案例

图 4－21 是我国某城市两条线的连接现状。车站 m、车站 n 分别是线路 b、线路 a 的终点车站，换乘客流主要为沿线路相同方向的换乘客流，且乘客可以选择在车站 m 或车站 n 进行线路 a 与线路 b 之间的换乘，如图 4－22 所示。

从图 4－22 可以看出，车站 m 的岛式站台两侧服务于同一条线路，这种岛式站台两侧线路基本没有换乘关系的设计方案对岛的换乘

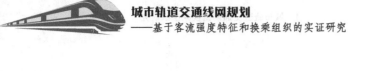

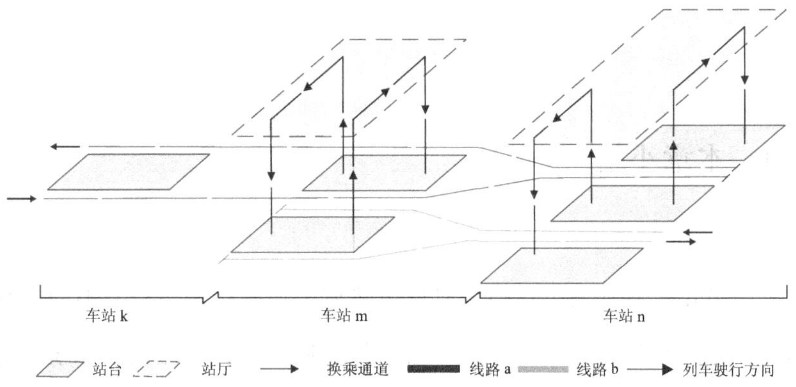

图 4－22　两线连接及换乘现状

功能形成了浪费。更加不合理的是，车站 n 的唯一一个岛式站台所连接的线路 a、线路 b 之间居然也没有换乘关系。换言之，线路 a、线路 b 的所有换乘均需通过通道换乘实现，乘客走行时间长，换乘不便，换乘效率较低。

图 4－23 是针对该站提出的改进方案。

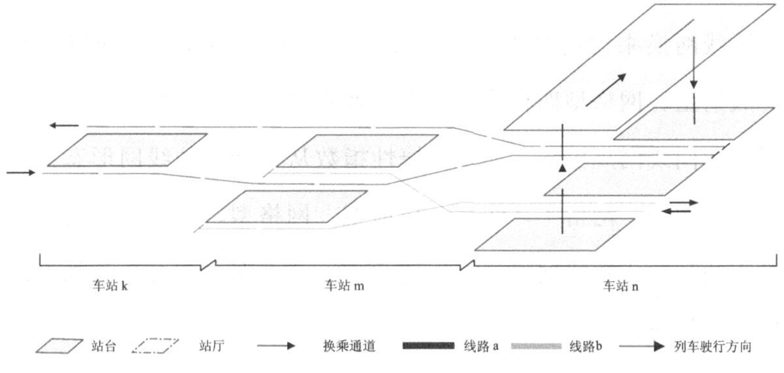

图 4－23　改进的同站台换乘方案

比较图 4－22 与图 4－23 可以发现：改进后，沿线路相同方向的换乘在站台 m 通过同站台换乘即可实现，在站台 n 通过同站台换乘以及一条换乘通道即实现，换乘效率均得到大幅提高。

4.4 本章小结

网络化运营环境下，换乘对城市轨道交通系统的运行具有重要作用。本章着重研究了给定规划网络条件下城市轨道交通换乘系统在运行层面的基本特性，分析了网络换乘便捷性内涵并提出了测算方法。从城市轨道交通网络层面，研究了线网形态对网络换乘便捷性的影响；提出了换乘过程中不同情况下候车时间计算模型。在此基础上，对不同换乘方式下的换乘时间进行研究；最后，结合典型城市对本章提出的方法进行了应用分析。

本章主要工作和结论如下。

第一，研究了城市轨道交通线网形态对网络换乘便捷性的影响。提出了线网换乘便捷性的计算模型，对放射＋环线型、网格＋环线型、放射型、网格型四种线网形态下换乘便捷性进行研究。研究结果表明，相同线网规模下，换乘便捷性指数从大到小的线网形态依次是放射＋环线型、网格＋环线型、放射型、网格型。放射型线网形态线网换乘便捷性指数比网格型增加约70%，增加环线可显著增加网络的线网换乘便捷性。

进一步分析可以发现，线网换乘便捷性差异是由网络中换乘站数量和多线换乘站数量差异造成的，换乘站数量越多，线网换乘便捷性越好；线网换乘便捷性指数与增加的换乘站衔接线路数呈2次方增长。放射型线网形态线路交织复杂，换乘站数量和多线换乘站数量多，环线可明显增加线网间的联系，增加网络中换乘站总数量。

第二，提出了换乘过程中不同情况下的候车时间计算方法，研究了不同换乘距离、换乘方式下的换乘时间变化规律。换乘时间包含换乘走行时间和候车时间，候车时间受换乘走行时间、各线路列车到站时间差、停站时间等因素影响，本章提出了不同换乘走行时间候车时间计算方法，并研究了换乘时间随换乘距离的变化规律，对两线换乘和三线换乘典型换乘方式的换乘时间进行分析。

研究结果表明，候车时间随换乘距离的变化在最大值和最小值之间振荡变化，且列车达到时间差越大，候车时间最小值和最大值对应的换乘距离越大；平均换乘时间随换乘距离的增加而增大。两线换乘站，“一”字形布置形式的平均换乘时间比“T”形大；三线换乘站，三角形布置形式的平均换乘时间最大，“大”字形次之，“一”字形最小。换乘效率高的换乘方向的换乘客流量越大，平均换乘时间越短，即高效率的换乘方式应设在主客流方向。

第三，结合国内外 18 个城市轨道交通系统发展与运行的实际统计数据，在分析各城市轨道交通的线网形态、换乘站比例等客观指标的基础上，研究了各城市轨道交通网络的换乘便捷性。

研究发现：东京、伦敦、巴黎等城市轨道交通网络化程度高，线网形态为放射＋环线型，换乘站比例、多线换乘站比例均较高，线网换乘便捷性好；墨西哥、香港等线网形态为放射型，换乘便捷性较好；北京、广州、釜山等线网形态为网格型，换乘站比例低，线网换乘便捷性差。

第四，结合纽约、香港两城市典型多线换乘站和同台换乘站的换乘组织进行实例分析，重点剖析了多线换乘枢纽的流线设计方法，分析了其运行效率。分析表明，多线换乘可增加线路间的联系，各线路间换乘十分便捷；同台换乘的换乘效率高，乘客走行距离短。本书还针对我国某城市的一个具体实例提出了可实现同台换乘的改进方案。

5 城市轨道交通与城市对外客运枢纽的衔接研究

大城市对外客运枢纽的主要功能是疏散从城市外部进入城市的客流和聚集从城市内部通过各种交通方式达到枢纽的客流。随着我国经济的迅速增长及人口流动加速，大型客运枢纽的客运量也逐年上升，加重了客运枢纽附近的城市交通拥堵问题。研究城市对外客运枢纽与市内交通的有效衔接对推进城市客运一体化、提高城市交通的整体效率及缓解城市交通拥挤具有重要意义。

大型对外客运枢纽具有换乘客流量大、客流密集度高等特点，而轨道交通具有容量大、快速、安全可靠和正点率高等优势，被认为是衔接大型对外客运枢纽的最佳交通方式。本章基于大型对外客运枢纽的衔接现状，分析了城市轨道交通在衔接大型客运枢纽的各种交通方式中的竞争力。

5.1 城市大型对外客运枢纽集疏运交通方式结构

一般而言，大多数的大城市对外客运枢纽主要包括三类：航空枢纽、铁路客运枢纽和长途汽车客运站。不过，无论从对外辐射范围和客运量来比较，长途汽车客运站都无法与航空枢纽和铁路客运枢纽相比，衔接长途汽车客运站的城市轨道交通专线路数量也一般少于航空与铁路枢纽。

本章研究的对外客运枢纽对象为航空枢纽和铁路客运枢纽。下面首先分析机场与铁路车站的集疏运系统中各交通方式的特性，然后再分析比较典型的机场和铁路车站的集疏运系统中各交通方式的结构比例。

5.1.1 对外客运枢纽集疏运体系中各交通方式的特点

国内外大型航空枢纽和铁路客运枢纽发展经验：机场的陆侧集疏运交通方式主要有四种，分别是轨道交通、机场巴士、私家车和出租车。2013 年年底我国大陆共有北京、上海、广州、天津、南京、深圳、重庆、昆明等 8 个城市已开通运营机场轨道交通线路，还有不少城市机场的轨道交通线路将于近年开通。对传统铁路客运枢纽来说，城市侧的集疏运交通方式主要是轨道交通、常规公交、私家车和出租车。

不难看出，相对来说，机场距离市中心区较远，常规公交的作用更少。

上述各种集疏运交通方式各具特色，可以满足不同乘客的需求。一种合理的集运疏系统结构的确定，不仅需要能快速有效地集散旅客，还需要能够使城市的有限资源得到合理利用。

不同交通方式的特性分析如下。

(1) 私家车

私家车具有出行时间较短、乘坐方便和服务质量高、舒适、携带行李方便等优点，是其他交通方式难以企及的，此外私密性以及即时性的特征使得这种交通方式保持着较高的吸引力，同时，私家车的线路选择较灵活，能提供“门到门”的服务。但是私家车运量小，且容易受到道路系统顺畅程度的影响，出行时间难以控制，同时还需要机场设置大容量的停车场。

近年来，政府通过一些政策和价格杠杆来控制小汽车出行，并不断改善公交服务水平，使得私人交通的分担率有所下降。

（2）出租车

出租车与私家车的特性大体上是相似的，不同之处在于：出租车的费用较私家车高；乘客乘坐出租不需要考虑停车问题，但容易增加机场道路的拥堵。

（3）机场巴士

机场巴士可按发车方式分为车满发车式和按时刻表发车式，机场巴士的费用通常比其他公共交通要高些，但是它作为公共交通所提供的较高服务质量，使得费用显得没那么重要。机场巴士也存在线路固定且较少、发车频率小和容易受道路交通状况影响等缺点。

（4）轨道交通

轨道交通是解决城市道路拥堵问题的最佳选择，具有运量大、污染小、费用较低、可靠性高等优点，将城市轨道交通衔接到机场和铁路客运枢纽是未来的一个发展趋势。但是，轨道交通建设费用过高，这就将这种方式限定在大型对外客运枢纽范围内。大型对外客运枢纽轨道交通的可达性和分担率与城市轨道交通成网情况密切相关，当城市轨道交通线路条数较少时，集疏运系统中乘客选择轨道交通的可能性也就较小。

（5）常规公交

与城市轨道交通相比，地面常规公交载客能力较小，速度较慢，舒适性也比较差，且易受道路交通运行状况和天气的影响，常规公交的准时性与可靠性也较差。不过，常规公交的固定投资少，线网密度大，可达性较轨道交通好，适合中短距离的出行。由于多数传统铁路客运车站位于市区内，所以常规公交在铁路客运枢纽的集疏运系统的各交通方式中所占的比例较大。航空客运在新中国成立以来一直是高端客运，加上机场大多离市区较远，因而多数航空枢纽的常规公交分担率较小。近几年，随着我国机场数量的增加，加上民航旅客运输日趋大众化，我国在机场发展常规公交上也做了很大努力，采取了不少有效措施，使得常规公交的市场份额有所提高。

表 5－1 和表 5－2 从经济性、快速性、可达性、可靠性、舒适性、发车频率和运营时间七个方面对比分析了航空枢纽和铁路客运枢纽集疏运系统中不同交通方式的基本特性。

表 5－1　机场集疏运系统中不同交通方式的特性分析

性能	私家车	出租车	机场巴士	轨道交通
经济性	费用较高	费用高	费用较低	费用较低
快速性	时间较短	时间较短	时间较长	时间较长
可达性	高	高	低	较低
可靠性	较低	较低	较低	高
舒适性	高	高	较高	较低
发车频率	—	—	较低	较高
运营时间	全天	全天	固定时间段	固定时间段

表 5－2　铁路客运枢纽集疏运系统中不同交通方式的特性分析

性能	私家车	出租车	常规公交	轨道交通
经济性	费用较高	费用高	费用低	费用较低
快速性	时间较短	时间较短	时间长	时间较长
可达性	高	高	较高	较低
可靠性	较低	较低	低	高
舒适性	高	高	低	较低
发车频率	—	—	较高	较高
运营时间	全天	全天	固定时间段	固定时间段

2008年以来，我国城际铁路、客运专线发展迅速。目前全国时速200 km及以上的快速铁路系统已经超过1.1万km；其中大部分新建快速铁路系统的客运站多数远离拥挤的市区，且设施装备良好，接近机场水平。不过，多数新建高铁车站地区的城市交通衔接不畅，影响了集疏运效率。表5－3调查了武广线广州、武汉、长沙三个主要城市机场、高铁站与传统铁路车站的位置及城市交通衔接时间。

表 5－3　广州、长沙与武汉三城市民航、高铁与既有铁路车站的城市交通衔接

主要车站	民航		高速铁路		普铁	
	距离/km	时间/min	距离/km	时间/min	距离/km	时间/min
武汉	21.6	141	11.4	135	5.1	53
长沙	23.8	149	9.7	141	3.7	39
广州	29.3	112	15	56	2.5	13

注：时间均按地面公交测算。

据初步分析，未来高铁客运站集疏运方式结构将介于传统铁路与民航枢纽之间。

5.1.2 国内外典型机场陆侧集疏运交通方式结构

国内外典型机场集疏运系统的交通方式结构如图 5－1 所示。美国人均道路面积较大，其道路拥堵情况没有我国严重，而且人们的出行以小汽车为主，因此其私家车出行比重较高。而欧洲和亚洲的许多大城市的机场集疏运体系中，轨道交通所占比例在衔接机场的四种交通方式中均为最高或接近最高。

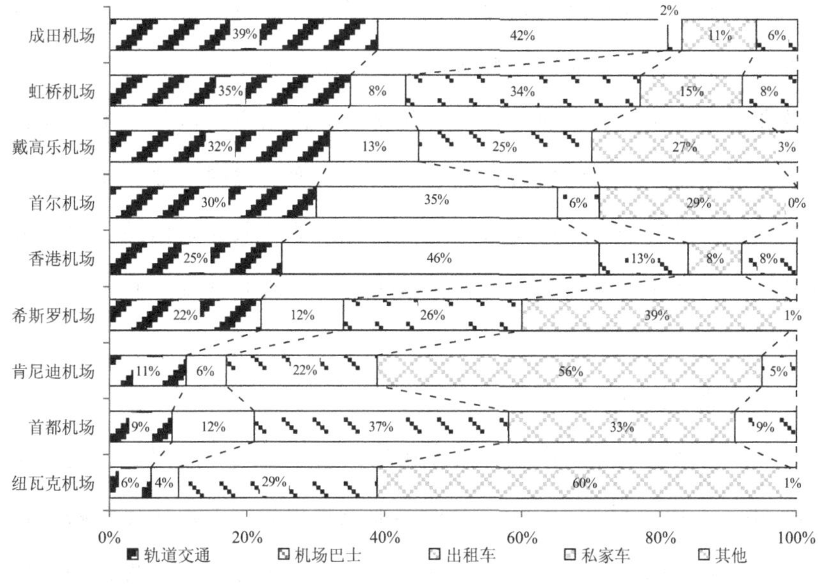

图 5－1 国内外机场集疏运系统结构

例如，首尔机场和成田机场的公共交通份额分别高达 65% 和 81%，其中轨道交通所占比例分别为 30% 和 39%。而我国几个大城市机场的公交分担率处于较低水平，尤其是首都机场轨道交通份额低于10%，究其原因主要是衔接机场的轨道票价较高（25元），且交通线路单一，而日本成田机场衔接机场的轨道线有3条，香港机场和虹桥机场衔接机场的轨道线均有2条，且虹桥机场的轨道交通票价在8元以下。

5.1.3 国内典型铁路客运枢纽城市侧集疏运交通方式结构

铁路客运站与所在国家和地区经济、文化的发展是密切相关的。铁路客运站的规模、功能的发展演变取决于旅客运输需求的变化，也取决于与它衔接的城市侧交通方式的进步和城市的发展水平。

近年来，高速铁路的迅速发展，大型高速铁路枢纽的规划问题也日益被大家所关注。无论是普通铁路客运站，还是高铁客运站，旅客疏散和聚集所采用的交通方式中公共交通应占据主要地位。由于地铁建设费用很高，且我国城市轨道交通发展较晚，我国大部分城市的铁路客运枢纽没有城市轨道交通与之衔接。以下选取北京西站、北京南站和广州南站作为典型的铁路客运枢纽来分析研究其城市侧的交通衔接状况。

（1）北京西站

北京西站位于北京市丰台区莲花池东路、西三环路附近，建成于1996年，占地面积51万m^2，当时是亚洲规模最大的现代化铁路客运站之一。北京西站定位为首都北京主要的铁路客运站，是集铁路、地铁、常规公交、出租车和私家车等多种交通方式为一体的交通服务客运中心，是北京市城际交通和城市交通衔接的中心枢纽，也是北京市西南地区主要的公共交通换乘中心。选取北京西站作为典型车站研究的另一个重要原因是它的客运量居国内第一位，2012年北京西站的日均客运量超过12万人次，比居国内第二位的郑州站多近4万人次。

对于北京西站如此大的客运量，研究其乘客集疏散方式具有较大意义。

（2）北京南站

北京南站是北京铁路枢纽规划中“四主三辅”七大客运站中的主要客运站之一，位于南二环、南三环、马家堡东路和开阳路之间，占地面积 49.92 万 m^2，是京津城际铁路、京沪高速铁路的起点站，为贯通式站型布置，共设 13 座站台，24 条到发线。其功能定位为集高铁、地铁、公交车、出租车和私家车等多功能于一体的大型综合交通枢纽。

北京南站作为北京市的高速列车到发站，2012 年日均客运量近 7 万人次。北京南站的高铁旅客特征与普速列车旅客特征差异明显，故选择北京南站为作为典型高铁车站来研究。

（3）广州南站

广州南站又称新广州站，位于番禺区西北部钟村镇石壁村，地处广佛都市圈地理中心，北距广州珠江新城 18 km，西到佛山禅城区 18 km，距离南沙新区 45 km，白云机场 45 km，联系珠三角东、西两翼都市经济核心密集区。衔接武广客运专线、广深港客运专线、广珠城际铁路、贵广铁路及南广铁路，是广州铁路枢纽中最主要的客运站。预计广州南站 2020 年旅客发送量为 8 500 万人次，2030 年旅客发送量为 1.3 亿人次，平均日发送量超过 35 万人次。

高铁的发展不仅带动枢纽周边地区的开发和发展，而且使周边地区路网和公共交通系统更加完善，逐渐形成一个以枢纽为中心的新城，广州南站地区是我国枢纽新城的典型代表。

结合上述分析，北京西站是以普速列为主的车站，北京南站和广州南站则为高速铁路车站。图 5 - 2 给出了这三个铁路客运枢纽城市侧不同交通方式的结构图。

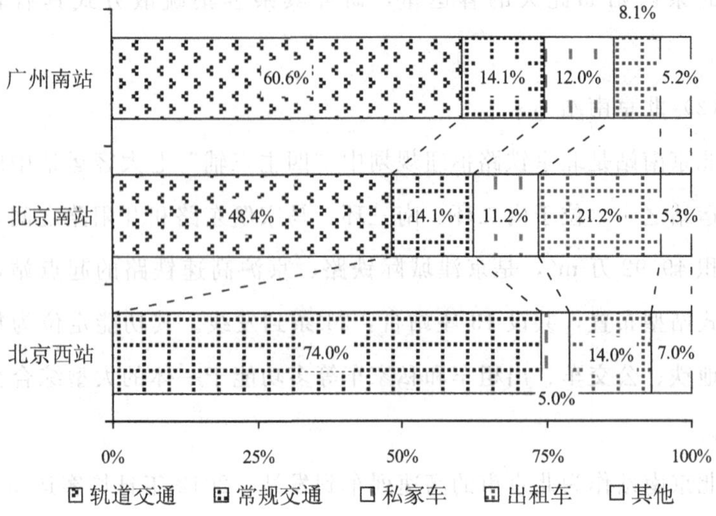

图 5－2 铁路客运枢纽集疏运系统中不同交通方式的结构

注：表中的数据为 2011 年，此时北京西站的地铁线尚未开通。

与机场相比，铁路车站的旅客主要采用公共交通方式（轨道交通＋公交车），公共交通所占比例相当大，超过 60％，广州南站甚至达到 74.7％。主要有三方面原因：第一，铁路车站一般离市中心较近，旅客从车站到目的地或从出发地去车站的距离较近，公共交通方式所需的时间较短；第二，与民航旅客相比，旅客对舒适度的要求相对较低；第三，铁路车站一般是城市公共交通网络上的一个重要枢纽，从车站前往市区其他地方的可达性较好。

一般的，在未开通城市轨道交通时，常规公交所占比例会很大；在开通地铁后，选择地铁的旅客要远远大于选择常规公交的旅客。北京南站和广州南站城市侧公共交通中地铁的分担率分别达到 77.4％和 81.1％。公共交通中，旅客更愿选择地铁，主要是因为地铁相对于常规公交，具有运量大、准点、换乘方便（地铁车站也与铁路车站实现站内换乘）、舒适和速度快等优点，而常规公交属于地面交通，要与其他车辆分享道路资源，容易受交通拥堵影响，容量相对较小，舒适度较低。

北京西站接发的列车主要是普速列车，而北京南站和广州南站是高铁车站。高铁旅客与普速列车旅客的特征有一定差异：一方面，高铁旅客以企业员工、政府机关公务员及事业单位工作人员为主，收入相对较高；普速列车以个体私营业主、农民为主，收入相对较低；另一方面，高铁旅客商务、休闲特征更明显，而普速列车旅客以务工、探亲访友为主。

高铁旅客与普速旅客的上述差异决定了他们对交通出行舒适度的要求有所不同，在所选用的交通方式方面会有所体现。高铁旅客更偏向于选择舒适度较高的小汽车，如北京南站和广州南站的私家车所占比例比北京西站高出一倍，还有北京南站出租车分担率为21.2%，比北京西站的14%要高。

5.1.4 城市对外客运枢纽发展城市轨道交通的必要性

随着我国经济的快速发展，航空运输需求也快速增长，机场的旅客吞吐量在不断增加，如图5-3所示。一般的，人们选择航空出行的主要原因就是其时间优势。而城市道路交通拥挤程度日益严重，道路交通不能保证乘客快速、准时到达机场，如果到达机场的时间过长，会降低航空运输的优势。同时，机场运量达到一定规模后，周边道路交通的运输容量是有限的，将无法满足航空旅客对地面运输需求。而轨道交通具有用地集约、运量大、速度快、安全性能好、节约能源、噪声低、容量扩充比道路交通容易等优点，将机场和轨道交通作为一个整体考虑，已经是未来国际机场的建设趋势，也是大型机场改善地面交通系统的一个基本方针。

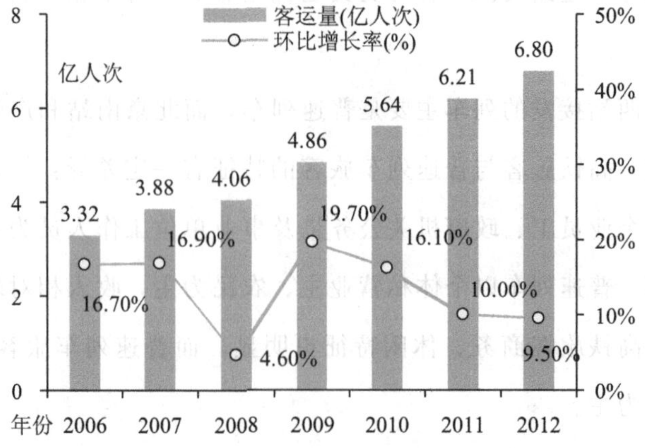

图 5－3　2006～2012 年我国民航运输机场旅客吞吐量

由于我国人口众多，而铁路运输效率高、运量大，所以中长距离的城市间旅客运输仍要靠铁路承担，铁路是旅客运输的骨干。未来城市旅客运输离不开铁路，我国城市群间的旅客运输需求量很大，增长速度较快，如图 5－4 所示。国外，城市铁路客运站往往集多条轨道交通（含城市轨道交通线路）于一体，在空间层次上实现立体换乘。

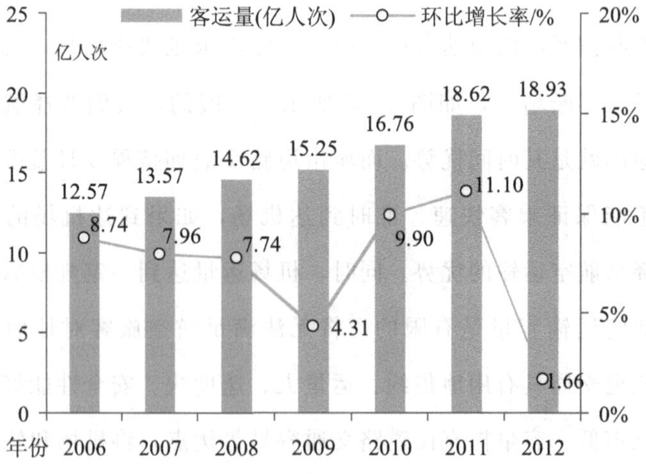

图 5－4　2006～2012 年我国铁路客运量

我国不少经济城市的轨道交通已开始成网，2013 年年底北京、上海、广州、深圳、重庆、天津等 6 个城市的城市轨道交通运营里程超过了 100 km。预计到 2020 年，我国将有近 50 个城市开通城市轨道交通运营，网络总规模将超过 7 000 km。城市轨道交通将成为衔接民航与铁路客运枢纽的重要方式。

迅速增长的客运量是大型对外客运枢纽必须建设轨道交通的一个重要原因。此外，轨道交通与大型对外客运枢纽衔接既能节约土地资源，又能提高运输效率，有助于城市资源的有效利用。因此，城市轨道交通凭借自身的特点与优势，无论是缓解大型对外客运枢纽城市侧的交通压力，还是促进综合交通发展和拉动地方或区域经济的快速发展，都有非常重要的现实意义。

我国城市轨道交通建设起步较晚，在一些大型对外客运枢纽的集疏运体系中并未占据主导地位。国外经验证明，轨道交通准时性好，速度较快，对大型对外客运枢纽中的集散旅客有良好的支撑作用；发挥城市轨道交通对对外交通枢纽的集散支撑功能是改善城市交通与城市对外交通衔接、提高城市综合交通系统效率的重要组成部分。为此，本章将通过研究影响轨道交通分担率的因素，并构造轨道交通竞争力的模型，研究提高城市轨道交通分担率的措施与办法。

5.2 城市轨道交通在航空枢纽集疏运体系中的竞争力分析

机场集疏运交通方式主要有私家车、出租车、轨道交通和机场巴士四种，四种交通方式服务的对象都是机场旅客，那么它们之间必然存在竞争关系。不同方式的竞争力就是指不同方式整合各种资源（如技术资源、经济资源和运输资源等）和各自特性（可靠性、舒适性、可达性等）在机场集疏运交通方式竞争中获得市场份额的能力。本节以传统的非集计模型为基础，建立了分类的轨道交通竞争力模型，并据此分析提高轨道交通竞争力的可行措施。

5.2.1 传统的非集计模型

假设某出行者 n 的选择方案的集合为 A_n，选择其中的方案 j 的效用为 U_{nj}，则该出行者 n 从 A_n 中选择方案 i 的条件为：

$$U_{nj} > U_{nj}, i \neq j, j \in A_n \tag{5-1}$$

随机效用理论认为效用是一个随机变量[142]。随机效用理论通常将效用函数 U 分为非随机变化的部分（固定项）和随机变化部分（概率项）两大部分，并假设它们两者之间呈线性关系。

假设出行者 n 选择方案 i 的效用为 U_{ni}，则 U_{ni} 可以用下式表示：

$$U_{ni} = V_{ni} + \varepsilon_{ni} \tag{5-2}$$

式中：V_{ni}——出行者 n 选择方案 i 的效用函数中的固定项；

ε_{ni}——出行者 n 选择方案 i 的效用函数中的概率项。

根据效用最大化原则[143]，出行者 n 只会选择运输效用最大的方式，则该出行者选择第 i 种运输方式出行的概率 P_{ni} 为：

$$\begin{aligned} P_{ni} &= \mathrm{Pr}ob(U_{ni} \geqslant U_{ni}; i \neq j, j \in A_n) \\ &= \mathrm{Pr}ob(V_{ni} + \varepsilon_{ni} \geqslant V_{nj} + \varepsilon_{nj}; i \neq j, j \in A_n) \end{aligned} \tag{5-3}$$

其中，$0 \leqslant P \leqslant 1, \sum P_{ni} = 1$ 。

出行者在选择方案时，通常选择与其他各方案相比，对自己效用最大的方案，所以上式可以变为：

$$\begin{aligned} P_{ni} &= \mathrm{Pr}ob(U_{ni} > \max U_{nj}; i \neq j, i \in A_n) \\ &= \mathrm{Pr}ob[(V_{ni} + \varepsilon_{ni} > \max(V_{nj} + \varepsilon_{nj}); i \neq j, j \in A_n)] \end{aligned} \tag{5-4}$$

式中的 U_{nj} 是一个概率变量，所以 $\max U_{nj}$ 也是概率变量。

Logit 模型是在二重指数分布（Gumble distribution）的基础上推导出来的。根据二重指数分布的性质[144]，使概率项 $\varepsilon_{nj}(j=1,2,\cdots,j_n)$ 服从参数数值为（0，1）的二重指数分布，可得 $U_{nj}=V_{nj}+\varepsilon_{nj}$ 服从参数为（V_{nj},1）的二重指数分布。

将 U_n^* 定义为：$U_n^*=\max(V_{ni}+\varepsilon_{ni})$，则 U_n^* 服从参数为（$\ln\sum^{j_n}e^{V_{nj}}$，1）的二重指数分布。令 $U_n^*=V_n^*+\varepsilon_n^*$，得到（0，1）服从(0，1)的二重指数分布：

$$\begin{aligned}P_{ni}&=\mathrm{Prob}(V_{ni}+\varepsilon_{ni}\geqslant V_n^*+\varepsilon_n^*)\\&=\mathrm{Prob}[(V_n^*+\varepsilon_n^*)-(V_{ni}+\varepsilon_{ni})\leqslant 0]\end{aligned}\tag{5-5}$$

利用两个独立的二重指数分布的概率变量差服从 Gumbel 分布的性质[145]，可得到多项选择 Logit 模型的一般式如下：

$$P_{ni}=\frac{1}{1+\exp(V_n^*-V_{ni})}=\frac{\exp(V_{ni})}{\sum_{j\in A_n}\exp(V_{nj})},i\neq j\tag{5-6}$$

在客运通道中，各种运输方式的市场占有率就是其竞争力的体现。因此，客运通道内第 i 种运输方式的竞争力可表达为：

$$P_i=\frac{\exp(V_i)}{\sum_{j\in A_n}\exp(V_j)}\tag{5-7}$$

5.2.2 竞争力模型的构建

影响旅客对地面交通方式选择行为的因素，可以分为两方面，一方面是交通方式本身的属性，由于这里研究的是交通方式的竞争力，所用只考虑各种交通方式的特性，而将旅客属性作为模型分类的依据；另一方面是旅客自身的属性，如年龄（老年人考虑较多的是经济性）、性别（女性对交通方式的安全性更为看重）、职业（职业与收入和航空出行频率相关)、收入（高收入的旅客对舒适性要求较高)、汽车拥有情况等。这里对影响方式选择的快速性、经济性、换乘便捷性三个指标进行量化分析：

（1）经济性

以各种交通方式去往机场的费用 $C_i(i=1,2,3,4)$（1 代表轨道交通、2 代表机场巴士、3 代表出租车、4 代表私家车）量化经济性这个指标。由于机场巴士一般具有固定的发车时刻表，且站点较少，需要换乘其他交通方式才能到达巴士站，因此计算机场巴士费用时应考虑该换乘交通方式的费用；出租车的费用较高，一般按里程计价；考虑到私家车出行的旅客接送情况比较普遍，因此，私家车出行的费用应是往返费用之和。

（2）快速性

用旅客在车时间 $T_i^1(i=1,2,3,4)$ 作为衡量快速性的指标，在车时间指通常情况下旅客采用某种交通方式到达机场的过程中在车内的旅行时间。

（3）换乘便捷性

用广义换乘时间 $T_i^2(i=1,2,3,4)$ 作为评价换乘便捷性的指标，这里的广义换乘时间应包括途中的等车时间和到达机场后去往候机楼所需时间，及换乘时间，还包括进近时间（指从家出发达到某种方式站点的时间)。

本书采用 Logit 模型中较为常用的效用函数形式，如下所示：

$$V_i=\alpha C_i+\beta T_i^1+\gamma T_i^2+\theta_t \qquad (5-8)$$

式中：α，β，γ——分别为待标定参数；

θ_i——第 i 种交通方式的固定项。

本章采用不同交通方式的分担率，即市场份额，表征相应交通方式的竞争力。构建如下各方式竞争力的 ML 模型：

$$P(i) = \frac{\exp(V_i)}{\sum_{j=1}^{4} \exp(V_j)} \tag{5-9}$$

5.2.3 极大似然法标定模型参数

进行SP调查时，在各种交通方式的各项属性给定的情况下旅客进行意愿选择，并且每次只可以选择其中一种交通方式。假设每个人的选择过程是相互独立的，因此，该项调查可以视为 N 次贝努里实验[146]。根据 N 个人选择4种交通方式的结果：N_1，N_2，N_3，N_4（分别表示轨道交通、机场巴士、出租车和私家车被选择的次数），再由极大似然法则可以得到如下似然函数：

$$L^* = P(N_1, N_2, N_3, N_4 \mid \vec{a}) = \frac{N!}{N_1!N_2!N_3!N_4!} \prod P_i^{N_i} \tag{5-10}$$

式中：N_i——选择第 i 种交通方式的旅客数；

P_i——选择第 i 种交通方式的概率；

$\vec{a}$ =（α，β，γ，θ_1，θ_2，θ_3，θ_4）表示系数向量。

为了估计参数时的方便，将求 L^* 的最大值 max（L^*）转化为求 max [ln（L^*）]，二者是等价的，则有：

$$\max[\ln(L^*)] = \sum_{i=1}^{4} N_i \times \ln P_i \tag{5-11}$$

对前述参数 α，β，γ，θ_1，θ_2，θ_3，θ_4 分别求偏导数，并令其等于零，并设 $a_1=\alpha$，$a_2=\beta$，$a_3=\gamma\cdots$，依次类推，则有：

$$\frac{\partial \ln L^*}{\partial a_k} = \sum_{i=1}^{4} \frac{N_i}{P_i} \frac{\partial P_i}{\partial a_k} = 0, k = 1,2,3,4,5,6,7 \tag{5-12}$$

据此可得到七元非线性方程组，该方程组采用Newton－Raphson算法求解[147]，令：

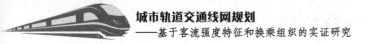

$$f_k(\vec{a}) = \sum_{i=1}^{4} \frac{N_i}{P_i} \frac{\partial P_i}{\partial a_k}, k = 1,2,3,4,5,6,7 \tag{5-13}$$

对其进行一阶 Taylor 展开，做线性化处理得：

$$f_k(\vec{a}_0) + \sum_{k=1}^{7} \frac{\partial f_k(\vec{a}_0)}{\partial a_k}(a_k - a_k^0) = 0, k = 1,2,3,4,5,6,7 \tag{5-14}$$

式中：$\vec{a}_0$—— 向量 $\vec{a}$ 的初始值；

a_k^0—— 向量 $\vec{a}$ 的第 k 个元素 a_k 的初始值。

处理后得到的线性方程组，可以采用求解线性方程组的方式求解。

5.2.4 案例分析

通过 SP（Stated Preference）调查分别获取了不同情景下旅客对各种交通方式的感知，按距离机场近、中、远的三个层次分别调查非商务出行旅客和商务出行旅客对机场集疏运系统中各种交通方式的选择情况。选取三元桥、天安门和八角桥（距机场距离分别为 19 km、31 km 和 50 km）作为出发点，并以它们去往首都机场各方式的各属性真实值为参考，设定了调查方案，进行 SP 调查。

对调查的数据进行处理后，在采用极大似然估计对以下 6 类模型的各变量参数进行标定：模型 1，距机场近的商务出行（以三元桥为代表）；模型 2，距机场较远的商务出行（以天安门为代表）；模型 3，距机场远的商务出行（以八角桥为代表）；模型 4，距机场近的非商务出行（以三元桥为代表）；模型 5，距机场较远的非商务出行（以天安门为代表）；模型 6，距机场远的非商务出行（以八角桥为代表）。参数标定的结果见表 5－4。

表 5－4 首都机场的各类模型的参数标定结果表

变量名称	模型 1	模型 2	模型 3	模型 4	模型 5	模型 6
出行费用	−0.023 5	−0.020 6	−0.018 6	−0.037 4	−0.040 4	−0.039 7
在车时间	−0.018 6	−0.014 7	−0.013 8	−0.015 3	−0.018 2	−0.015 6
广义换乘时间	−0.038 7	−0.030 9	−0.029 9	−0.030 7	−0.037 9	−0.033 4
轨道交通常数项	0.158	0.778	0.347	0.308	0.697	0.417
机场巴士常数项	1.276	1.059	0.833	1.191	1.091	1.391
出租车常数项	2.446	2.695	3.013	1.798	2.748	4.858
私家车常数项	1.387	1.473	1.14	0.778	1.178	1.863

不同类型的旅客时间价值是不一样的，即各类旅客对费用的敏感程度有差异，出行时间价值通常定义为节省单位时间 Δt 旅客愿意花费的成本 Δc ，如下式所示[101]：

$$VOT = \frac{\Delta c}{\Delta t} = \frac{c_T}{c_C} \times 60 \tag{5-15}$$

式中：VOT 为旅客出行时间价值，元/h；c_T 为模型中时间的标定系数；c_C 为模型中费用的标定系数。

采用上述标定的模型参数，分别计算各类旅客的在车时间价值和广义换乘时间价值，见表 5－5。2009 年宗芳等人[148]给出出佛山市南海区有车的出行者时间价值在 24.9～28.7 元，与本书中非商务出行旅客的在车时间价值基本相同。与非商务出行旅客（大约为 25 元/h）相比，商务出行旅客的平均在车时间价值（大约为 45 元/h）高出将近一倍，说明商务出行旅客更在意出行时间而非费用，而非商务出行旅客更看重费用些。

无论是近、中、远距离层次的商务出行还是近、中、远距离层次非商务出行，广义换乘时间价值基本上是在车时间价值的两倍有余，这说明某些交通方式虽然在车时间较短，但是如果换乘时间较长、舒适性较差的话，旅客选择此种交通方式去往机场的概率相对较低。

表 5－5　首都机场各类旅客的时间价值　　元/h

时间	商务出行			非商务出行		
	近距离	中距离	远距离	近距离	中距离	远距离
在车时间	47.5	42.8	44.5	24.5	27.0	23.6
广义换乘时间	98.8	90.0	96.5	49.3	56.3	50.5

利用上面标定的六个模型分别对三元桥、天安门和八角桥去往机场的各交通方式分担率进行预测，结果见表 5－6。

表 5－6　首都机场不同交通方式的分担率

交通方式	商务出行			非商务出行		
	近距离	中距离	远距离	近距离	中距离	远距离
轨道交通	10.12%	14.46%	17.97%	23.78%	26.70%	30.38%
机场巴士	10.68%	12.46%	12.80%	20.03%	19.48%	20.68%
出租车	48.22%	43.90%	40.56%	30.81%	28.09%	23.13%
私家车	30.98%	29.18%	28.67%	25.38%	25.73%	25.81%

比较表 5－6 和图 5－1 可以发现，预测结果基本上符合统计数据。从表 5－6 中可以看出：

第一，不论是非商务出行还是商务出行，随着出行距离的增加，轨道交通在衔接机场的四种交通方式中所占份额逐渐上升（非商务出行：23.78%～26.7%～30.38%，商务出行：10.12%～14.46%～17.97%），而出租车所占份额逐渐减小（非商务出行：30.81%～28.07%～23.13%，商务出行：48.22%～43.09%～40.56%），究其原因主要是随着出行距离增加，道路交通不仅出行费用快速增长，而且可靠性越来越差。

第二，商务出行旅客选择出租车去往机场的概率都比非商务出行旅客要高，而选择轨道交通去往机场的概率都比非商务出行旅客要低，这说明商务出行旅客对费用的敏感程度较非商务出行旅客要低，即商务出行旅客愿意花费更多的钱去追求更舒适的服务。

通过前文分析可知，影响轨道交通竞争力的主要因素是快速性、经济性和换乘便捷性。由于快速性通常与交通方式的内在特点相关，难以做出调整。因此，本小节采用票价调整和改善换乘两项措施来分析经济性和换乘便捷性对机场轨道交通竞争力的影响。选取天安门到首都机场的出行作为研究案例，轨道交通分担率随轨道交通换乘时间和轨道交通票价的变化情况，如图 5－5 所示。

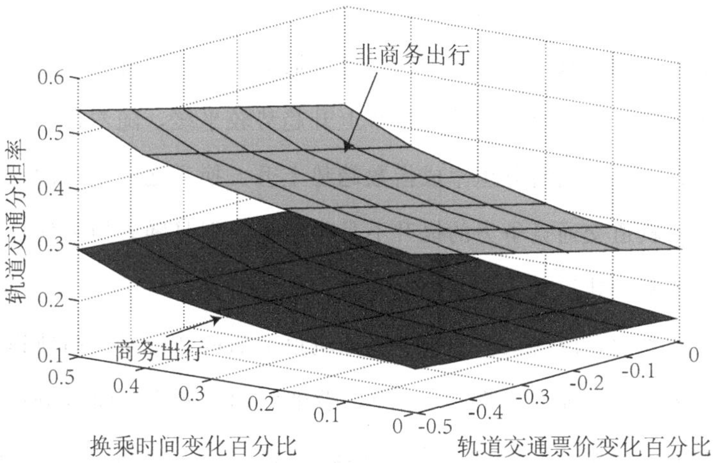

图 5－5　首都机场轨道交通分担率变化情况

下面从不同方面分析提高首都机场线分担率的措施。

(1) 降低票价

无论是与北京的城市轨道交通（不含机场线）相比，还是与上海虹桥机场轨道交通（票价不超过 8 元）相比，首都机场快轨（25 元）的票价都偏高，因此可以考虑通过降低票价来提高轨道交通的竞争力。

从图 5-5 可知：对于商务出行来旅客来说，票价的降低对提高机场轨道交通的竞争力并不明显；而对于非商务出行旅客来说，票价的降低可显著提升轨道交通的竞争力。基本上可以达到票价每降低 10%，轨道交通分担率上升 2%。

(2) 改善换乘

本书定义的广义换乘时间包括途中的等车时间和到达机场后去往候机楼所需时间，及换乘时间，还包括进近时间（指从家出发达到某种方式站点的时间）。因此改善换乘的具体措施较多，比如：提高发车频率以减少候车时间、增加地铁站点密度以减少进近时间、将轨道交通延伸到航站楼内部以增加换乘便捷性等。

从图 5-5 还可以发现，无论是非商务出行还是商务出行，相对于降低票价，换乘时间的减少对轨道交通竞争力的提升更明显。改善换乘的起始阶段，轨道交通分担率上升趋势较平缓，随着换乘时间进一步改善，轨道交通分担率成指数趋势上升。换言之，小范围减少换乘时间对轨道交通竞争力的提升不是很明显，但是随着换乘便捷性的进一步改善，轨道交通竞争力提升效果愈发明显。

总的来说，改善换乘相对于降低轨道交通的票价对提高轨道交通的分担率效果更明显。图 5-5 中，沿坐标轴“换乘时间百分比”的轨道交通分担率变化速度比沿坐标轴“轨道交通票价变化百分比”要快。

5.3 城市轨道交通在铁路枢纽集疏运体系中的竞争力分析

铁路客运枢纽和航空枢纽的功能和集疏运体系十分相似，以北京南站为研究案例，借鉴5.2中分析机场轨道交通竞争力的方法来分析城市轨道交通在铁路枢纽集疏运体系中的竞争力。在这里仍然以经济性、快速性和换乘便捷性作为影响轨道交通竞争力的主要因素，以传统的非集计模型为基础，建立分类的轨道交通竞争力模型。考虑到铁路车站一般离市中心很近，而机场一般离市区较远，所以在距离层面上只分远（以颐和园为代表，距南站25 km）和近（以北京交通大学为代表，距南站11 km）两类。因此，需研究的模型有4类：模型1，距铁路车站近的商务出行；模型2，距铁路车站远的商务出行；模型3，距铁路车站近的非商务出行；模型4，距铁路车站远的非商务出行。

本节首先以2014年3月18日北京南站的RP（Revealed Preference）调查数据为基础对南站旅客的出行特征进行了统计分析，然后以SP（Stated Preference）调查数据为基础，对4类模型分别进行参数标定。

5.3.1 北京南站旅客出行特征调查分析

北京南站分为地上两层和地下三层，从上到下依次是高架层、地面层、地下一层、地下二层和地下三层。其中高架层为旅客候车大厅，同时还设有出租车和小汽车落客区；地面层是列车到发站台区和公交车上下客区；地下一层是换乘大厅、停车场及旅客出站系统；地下二层是地铁 4 号线站台；地下三层为地铁 14 号线预留站台。由于北京南站进站口较多（仅地面层就有 8 个快速进站口，高架层也可以直接进站，还可以通过地铁出口进站），如果在各个入口实施调查，所需要的人员较多，所以仅在进入二层候车大厅的东西南北四个安检处布置调查人员（因为所有乘车旅客都需进入候车大厅候车），对进站旅客流量进行调查。以 5 min 为间隔进行了两个小时的调查。

考虑到进京旅客急于离开车站，比较匆忙，一般不愿接受问卷调查，即使愿意接受调查，其调查结果准确性也不高。因此，选择在候车大厅内候车的旅客作为问卷调查对象（一般这类旅客有较多空闲时间），进行 SP（Stated Preference）和 RP（Revealed Preference）问卷调查，两类问卷分别发放了 278 份，分别收回有效问卷：SP 调查问卷 264 份和 RP 调查问卷 274 份。

对调查的实际数据进行统计分析，得到如下北京南站旅客特性：

(1) 进站流量随时间的变化

以 5 min 为间隔统计了 11:45～14:15 两个小时中北京南站的进站客流量，汇总后如图 5 - 6 所示。

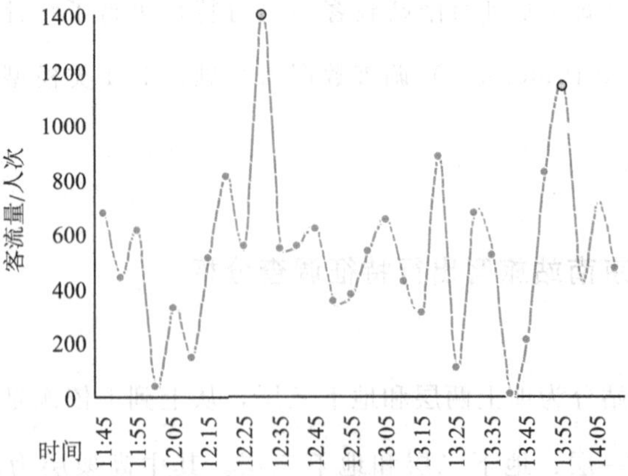

图 5 - 6　北京南站进站客流量随时间变化/人次

从图 5－6 中可以看出：进站客流量随时间的波动性很大，有些时间段几乎没有旅客进站，而有些时间段进站客流量突增。旅客的进站流量与列车的发车时间密切相关，使得旅客达到量是不均匀的，同时也给铁路枢纽的集疏运系统集散旅客带来了一定的困难。

（2）出行目的

北京南站是高铁客运站，高铁票价比普通客车要高，但旅行速度较快且舒适。公务出差、回乡和旅游购物的旅客较多，而务工人员选择高铁出行情况较少，见表 5－7。

表 5－7　北京南站不同出行目的的旅客所占比例　%

出行目的	公务出差	回乡	旅游购物	探亲访友	旅途中转	务工	其他
比例	34.2	19.5	17.4	12.1	8.5	1.8	6.5

（3）职业结构

由表 5－8 可知：企业员工与政府公务员及事业单位工作人员占高铁旅客总量的 76.5%，超过总量的三分之二，是使用高铁出行的主要群体，而收入较低的农民和学生利用高铁出行情况较少。主要原因是企业员工和政府公务员出行一般是公费出行，对出行费用不敏感，而对快速性和舒适性要求较高。

表 5－8　北京南站不同职业的旅客所占比例　%

职业结构	企业员工	政府公务员及事业单位工作人员	个体私营业主	农民	学生	其他
比例	54.8	21.7	9.1	0.8	8.7	4.9

（4）接送站情况

见表 5－9，绝大多数旅客都是无人接送，特别是离站旅客中 83.6%都是无人送站，而到站旅客中有较多（30.6%）旅客是有 1 人来接站，这可能是因为到站旅客中有较多的旅客是外地旅客，对本地不熟悉而有人迎接，无论是到站还是离站旅客有1人以上接送的情况很少。

表5－9　北京南站旅客接送情况　　%

接送人数	无人接送	1人接送	1人以上接送
接站	67.8	30.6	1.6
送站	83.6	14.8	1.6

（5）出行方式

图5－7给出了北京南站的城市侧各种交通方式的结构比例，与图5－2（2011年的数据）相比，轨道交通（48.4%～52.4%）和常规公交（14.1%～16.9%）的分担率均有所增加，而出租车的分担率有所下降（21.2%～18.1%）。总体上来说变化不是很大，选择轨道交通的旅客占总量的一半左右，说明轨道交通一直是南站旅客出行的主要交通方式。

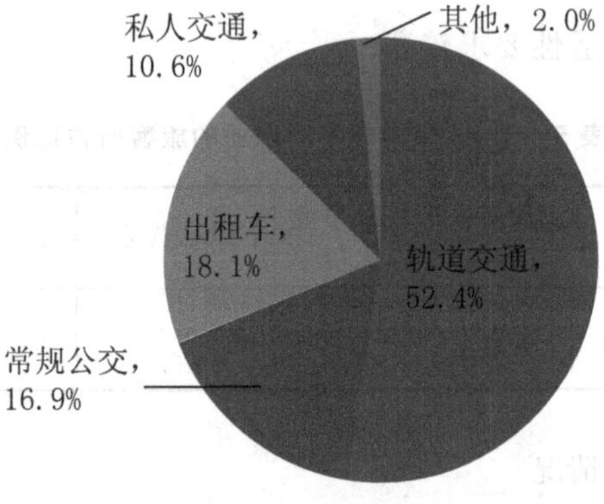

图5－7　北京南站城市侧集疏运系统结构

5.3.2 竞争力模型的标定与应用

以北京南站的SP调查数据为基础，采用与5.2类似的最大似然估计对4类模型的各变量参数进行标定，参数标定的结果见表5-10。

表5-10 北京南站各类模型的参数标定结果

变量名称	模型1	模型2	模型3	模型4
费用	−0.039 7	−0.041 3	−0.071 5	−0.069 8
在车时间	−0.025 6	−0.021 7	−0.030 9	−0.027 6
广义换乘时间	−0.032 6	−0.037 9	−0.051 5	−0.055 7
轨道交通常数项	1.279	1.791	1.208	1.657
机场巴士常数项	0.557	1.126	0.612	1.091
出租车常数项	1.626	3.735	1.998	5.248
私家车常数项	0.514	1.273	0.428	1.178

根据标定的4类模型，采用式（5-10）可以计算出各类旅客的各类时间价值，见表5-11。

可以发现：与表5-5相比较，铁路客运枢纽的各类乘客的时间价值与机场各类旅客的时间价值呈现相同的趋势，即商务出行的时间比对应的非商务出行的时间价值都要高，且各类旅客的广义换乘时间价值要比在车时间价值高。

不过，与机场旅客不同的是：铁路车站旅客的时间价值整体上都低于机场旅客的时间价值，且铁路车站旅客的广义换乘时间价值与在车时间价值的差距没有机场旅客的那么明显（如铁路车站商务出行旅客的广义换乘时间价值是在车时间价值的1.51倍，而机场商务出行的旅客为2.12倍关系），同样商务出行的各类时间价值与对应的非商务出行时间价值差异也不如机场的那么明显。

表5－11　北京南站各类旅客的时间价值　　元/h

时间	商务出行		非商务出行	
	近距离	远距离	近距离	远距离
在车时间	38.7	31.5	25.9	23.7
广义换乘时间	49.3	55.1	43.2	47.9

利用上面标定的4类模型分别对北京交通大学和颐和园去往机场的各交通方式分担率进行预测，结果见表5－12。

通过比较表5－12和图5－7可以发现：预测结果与实际统计数据表现出较好的一致性。从表5－12中可以得出如下结论。

第一，无论是非商务出行还是商务出行，随着出行距离的增加，轨道交通所占比例逐渐上升（非商务出行：52.95％～54.82％，商务出行：48.31％～49.38％）；出租车所占比例逐渐减小（商务出行：20.58％～17.58％，非商务出行：14.55％～13.08％）。究其原因主要是出行距离的增加导致道路交通出行费用更高而可靠性更差。

第二，无论出行距离远近，商务出行旅客选择出租车的概率较非商务出行旅客要大，而非商务出行旅客选择轨道交通的概率较大，这说明商务出行旅客对费用的敏感程度较非商务出行旅客要低，即商务出行旅客愿意花费更多的费用去追求更舒适的服务。

第三，无论是商务出行还是非商务出行轨道交通的分担率都很高（在50％左右），说明在本身就比较拥堵的城市交通中出行，旅客为了保证按时到达铁路车站，大部分选择可靠性高的轨道交通。

表 5-12 北京南站不同交通方式的分担率 %

交通方式	商务出行		非商务出行	
	近距离	远距离	近距离	远距离
轨道交通	48.31	49.38	52.95	54.82
常规公交	17.22	19.89	21.85	23.68
出租车	20.58	17.58	14.55	13.08
私家车	13.89	13.15	10.65	8.42

5.3.3 影响轨道交通竞争力的措施及效果分析

类似地，考虑到快速性取决于交通方式的内在特点难以改变。因此，本节主要分析票价调整和改善换乘对城市轨道交通竞争力的影响。以北京交通大学到北京南站的出行为例，轨道交通分担率随轨道交通换乘时间和票价的变化情况，如图 5-8 所示。

(1) 票价调整

考虑到北京南站集疏运系统中轨道交通的分担率较高，且北京地铁票价目前实行低票价制（一票制，票价为 2 元），且未来会适当涨价并采用里程计价制。因此，本书主要分析票价的上调对轨道交通竞争力的影响。图 5-8 中，上调票价对轨道交通的竞争力影响不是很大，当票价上涨到现在的 3 倍（6 元）时，商务出行的轨道交通分担率下降 3.95%，而非商务出行的轨道交通分担率下降 7.14%，同时也说明非商务出行的旅客对票价更敏感。

(2) 改善换乘

本书定义的广义换乘时间包括途中的等车时间和到达铁路车站后

去往候车大厅所需时间，及换乘时间，还包括进近时间（指从家出发达到某种方式站点的时间）。因此改善换乘的具体措施较多，比如：提高发车频率以减少候车时间、增加地铁站点密度以减少进近时间等。

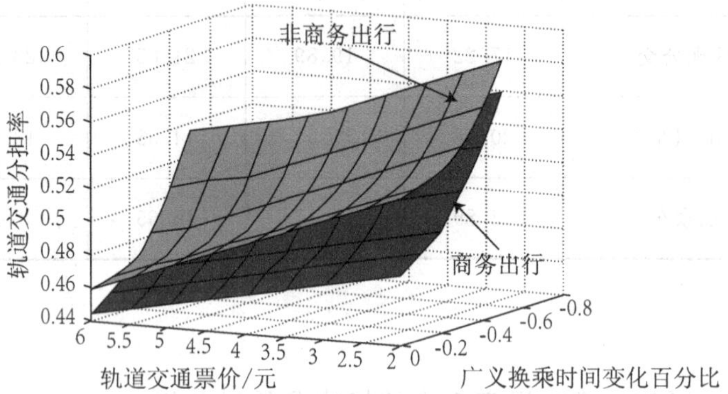

图 5－8　北京南站轨道交通分担率变化情况

由图 5－8 可以发现：

第一，无论是商务出行还是非商务出行，改善换乘的起始阶段，轨道交通分担率上升趋势较平缓，随着换乘时间进一步改善，轨道交通分担率成指数趋势上升。换言之，小范围减少换乘时间对轨道交通竞争力的提升不是很明显，但是随着换乘便捷性的进一步改善，轨道交通竞争力提升效果愈发明显。

第二，相对于非商务出行而言，换乘时间的减少对商务出行的轨道交通竞争力提升较快，进一步说明商务出行旅客的时间价值更高。

第三，与图 5－5 相比，随着换乘时间的减少，铁路车站轨道交通的分担率上升幅度并没有机场轨道交通分担率那么大，主要原因是铁路车站轨道交通分担率已经处于较高的状态（超过 50％）。

5.4 本章小结

在我国大城市的大型对外客运枢纽，如航空枢纽和铁路客运枢纽集疏运体系中，城市轨道交通的分担率远低于国外发达城市。为此，本书在对比分析国内外典型城市大型对外客运枢纽集疏运系统结构的基础上，构建了轨道交通竞争力模型，结合调查数据对模型的参数进行了标定；并提出了提高轨道交通竞争力的相关措施，结合模型分析对各措施的效果进行了验证。

本章的主要工作与研究结论如下。

首先，分析了构成这两类大型对外客运枢纽的集疏运系统的各种交通方式的特性，对比了国内外典型机场的集疏运系统的结构，发现我国机场轨道交通分担率处于较低水平。并分析了国内三个典型的铁路车站城市侧集疏运体系各交通方式的分担率，从而总结了大型对外客运枢纽衔接城市轨道交通的重要性。

其次，采用费用、在车时间和广义换乘时间分别量化了各交通方式的经济性、快速性和换乘便捷性，并构建了各交通方式的广义费用函数和竞争力模型。基于出行距离的远近会影响旅客对不同因素的偏好程度的考虑，按去往首都机场出行距离的近、中、远三个层次分别调查了非商务出行和商务出行旅客对机场集疏运系统中各交通方式的选择状况。对调查数据整理后，用于标定了构建的竞争力模型。

通过对标定后模型的分析可以发现：与非商务出行旅客相比，商务出行旅客的两类时间价值要高出一倍左右；在车时间的价值要比广义换乘时间的价值小；商务出行旅客对出行方式的舒适性和便捷性要求较高，非商务出行旅客更为看重出行方式的费用。

考虑到首都机场轨道交通在整个机场集疏运体系中所占比例低的现状，本章提出了两条提高轨道交通竞争力的措施，并根据构建的竞争力模型分析了降低票价和改善换乘对提升机场轨道交通竞争力的效果。

最后，基于北京南站的RP调查数据分析了北京南站的旅客特性；然后采用分析机场轨道交通竞争力的建模方法对铁路客运枢纽的竞争力进行建模分析，考虑到铁路车站位于市区，模型分类时在距离层次上只分近和远两种情况，利用北京南站的SP调查数据标定了模型，得到的各类旅客时间价值差异和预测的各种交通方式的分担率的变化趋势大致与机场一致；最后分析了票价上调对轨道交通竞争力的影响，结果发现票价上调对竞争力的影响不大，同时换乘时间的改善对轨道交通竞争力的提升也与机场的变化情况类似。

6 结论与展望

6.1 内容总结

本书在论述城市轨道交通网络和线路客流强度内涵及特征的基础上，分析了客流强度的影响因素及其重要度，剖析了不同类型线路客流强度的特征规律。构建了公共交通体系中城市轨道交通竞争力模型，研究了换乘效率改善对城市轨道交通竞争力的影响。进一步地，从轨道交通网络规划和线路车站设计两个层面出发，研究了不同线网形态下换乘便捷性及换乘方式对换乘时间的影响，分析了不同换乘站设计方法及其效率。最后，基于对外交通枢纽各集散方式特点，研究了城市对外交通枢纽中城市轨道交通的竞争力。

本书的主要工作和结论如下。

第一，在分析城市轨道交通客流强度影响因素的基础上，构建了基于灰色关联层次分析法的影响因素重要度计算模型。

研究结果表明，网络层面，对客流强度影响显著的因素有换乘便捷性（换乘站所占比例）、以人口为主要标志的城市规模以及城市轨道交通线网密度。线路层面，换乘便捷性指数、核心区比例对客流强度的影响最显著，旅行速度、车辆定员和列车编组次之，发车间隔和线路长度较小。

从线路走向及功能定位角度出发，可以将城市轨道交通线路分为市区线、郊区线和混合线，同类线路的客流强度特征呈现某种共性规律。对国内外典型城市不同线路客流强度的实证分析后可以发现，客流强度从大到小的线路类型依次为：全线位于中心城区的线路，跨越外围区—核心区—攘外围区的市区直径线，跨越外围区—攘核心区的市区半径线，郊区线。

对东京、伦敦及北京、上海、广州等8个典型城市的城市轨道交通网络结构进行比较后发现，尽管我国一些城市轨道交通网络总规模增长较快，但核心区密度普遍不足，这对城市轨道交通客流强度以及城市轨道交通在整个城市综合交通体系中功能的发挥有重要影响。

第二，在城市轨道交通广义费用函数的换乘时间项中，引入步行修正系数和环境修正系数，研究换乘效率的改善对不同规模的城市轨道交通吸引力的影响。

研究表明，城市轨道交通的吸引力随着换乘效率的改善将显著增加，若步行修正系数和环境修正系数同时大于2.0，会严重降低城市轨道交通网络的吸引力；对于步行修正系数和环境修正系数同时大于1.0的特大城市轨道交通网络来说，换乘效率的改善对于提高城市轨道交通的吸引力更加重要。当步行修正系数和环境修正系数都为3.0时，理想的“零换乘”条件可以使城市轨道交通的相对分担率提高近2倍。

第三，基于不同换乘效率下乘客对换乘时间的感知差异，设定换乘时间的惩罚系数为换乘步行时间的幂函数，建立考虑换乘效率的城市轨道交通路径广义费用函数，研究换乘效率对乘客路径选择行为的影响。

研究结果表明，换乘效率、总换乘时间对路径选择影响显著，换乘效率低、总换乘时间长的路径选择概率相对较少。上述结论与实际调查更为接近，这说明与既有研究相比，本书构建的乘客路径选择行为模型更准确。

第四，分析了网络换乘便捷性的内涵并提出了换乘便捷性指标计算方法，从城市轨道交通网络层面，研究了线网形态对网络换乘便捷性的影响。

研究结果表明，相同线网规模下，换乘便捷性指数从大到小的线网形态依次是放射＋环线型、网格＋环线型、放射型、网格型。放射型线网换乘便捷性指数比网格型增加约70％，增加环线可显著增加网络的换乘便捷性。进一步分析可以发现，换乘站数量和多线换乘站数量是导致线网换乘便捷性差异的主要因素，换乘站数量越多，线网换乘便捷性越好；线网换乘便捷性指数与增加的换乘站衔接线路数呈二次方增长关系。对国内外18个城市轨道交通网络的实证分析验证了上述结论。

第五，考虑换乘走行时间、各线路列车到站时间差、停站时间等因素，提出了换乘时间计算方法，研究了两线和三线换乘情景下换乘方式对换乘效率的影响。

研究表明，平均换乘时间随换乘距离的增加而增大，候车时间随换乘距离的变化在最大值和最小值之间振荡变化，且不同线路列车的到站间隔越大，乘客实现候车时间最小值所对应的换乘距离越大。两线换乘站中“一”字形布置形式的平均换乘时间比“T”形大；三线换乘站中三角形布置形式的平均换乘时间最大，“大”字形次之，“一”字形最小。

第六，构建了城市轨道交通在对外客运枢纽集疏运体系中的竞争力模型，根据实际调查数据对模型相关参数进行了标定，分析了城市对外客运枢纽集疏运体系中各种交通方式的特点。

通过对比国内外典型城市机场枢纽和铁路枢纽集疏运体系的交通方式结构可以发现：城市轨道交通在我国城市对外客运枢纽集疏运所占比例偏低。本书分析了不同交通方式的特征，构建了城市轨道交通在城市对外客运枢纽集疏运体系中的竞争力模型，并分析了降低票价和改善换乘条件对提高城市轨道交通竞争力的影响。研究表明，票价调整对轨道交通竞争力的影响不如换乘条件的改善。

6.2 研究的创新点

本书的创新点主要包括以下四个方面。

第一，从实证角度研究了影响城市轨道交通线路客流强度的因素及其重要度，分析了城市轨道交通线路客流强度特征规律，相关结论可以为我国城市轨道交通线网规划与设计工作提供依据。

客流预测是轨道交通线路规划、设计和开通运营初期制定合理的运营组织方案的工作基础。本书结合国内外典型城市已开通运营的不同类型线路的实际统计数据，采用灰色关联——攘层次分析法揭示了不同影响因素的重要性。同时，按线路所经过的城市经济地理位置，本书提出了3类线路客流强度演变的基本规律。

本书还细化了传统城市轨道交通网络密度对比的研究角度，研究结论揭示出我国城市轨道交通先行城市存在核心区网络密度不足问题，从而影响了其在城市综合交通体系中的功能。研究结论可以为我国大城市轨道交通线路规划与设计提供参考依据。

第二，从线网形态和换乘站形式设计两个层面，分析了线网换乘便捷性的内涵，提出了便捷性评价指标的计算方法，定量评价了不同类型网络规划方案的换乘便捷性和换乘效率，为城市轨道交通系统规划与设计工作提供了依据。

本书的研究揭示了线网规模相同条件下，不同类型线网换乘便捷性指数变化的基本规律。通过将城市轨道交通系统不同线网布局抽象成无向网络拓扑图，采用改进的深度优先算法搜索有效路径，建立了OD出行空间分布均衡情形下出行效率分析模型，定量分析了两线和三线换乘衔接情景下换乘效率随换乘走行时间和候车时间的变化。

第三，基于居民出行行为心理，分析了乘客在换乘过程中对换乘时间的感知差异并建立了考虑换乘效率的广义费用模型；实证分析证明考虑换乘效率的路径广义费用模型能更真实地刻画乘客的选择行为。

该研究揭示了包括换乘环境设计在内的换乘全过程设计与改善对提升城市轨道交通吸引力的深刻影响，有利于促进公共交通企业改善换乘过程组织。

第四，从城市综合交通角度构建了城市轨道交通在对外交通枢纽集疏运体系中的竞争力模型，研究揭示城市轨道交通对提升对外交通服务水平有直接而重要的作用，且改善轨道交通的换乘衔接是提高城市轨道交通竞争力的关键。

本书在考虑不同集疏运交通方式特性的基础上，构建了城市轨道交通在机场枢纽和铁路枢纽的竞争力模型。以首都机场和北京南站为例，通过SP和RP调查对上述模型进行了参数的标定。采用标定后的模型，分析了不同出行距离需求下城市轨道交通的竞争力，研究了轨道交通换乘组织改善和票价调整对城市轨道交通吸引力的影响。研究结论为提高城市轨道交通分担率、从而缓解机场和铁路枢纽周边道路交通拥堵提供了方法支撑。

6.3 未来展望

城市轨道交通客流强度与换乘组织是一个非常复杂的系统工程问题，涉及的专业面宽广且科学定量分析的难度较大。本书主要从实证结合理论分析的角度初步研究了城市轨道交通网络和不同类型线路的客流强度，探讨了不同换乘组织方案对换乘便捷性、效率及城市轨道交通吸引力的影响。由于时间、篇幅以及笔者能力有限，仍然存在一些问题和需要改进的地方。

第一，在换乘效率对城市轨道交通吸引力和乘客路径选择行为的研究中，未考虑拥挤及不同类别乘客属性不同的影响，这些问题将在下一步工作中继续研究。

第二，在换乘站设计方式对换乘效率的影响研究中，讨论了不同距离下的换乘效率，但对不同方式下的换乘通道距离并未做深入研究，在下一步研究中将结合国内外典型城市的多线换乘衔接枢纽站的实际数据进行系统研究。

第三，在研究城市轨道交通在对外交通枢纽集疏运体系中的竞争力模型时，仅将乘客划分为商务出行和非商务出行，未充分考虑乘客的年龄、工作性质、性别等属性对不同交通方式偏好的影响，如何建立分类更为细致和贴近实际的城市轨道交通竞争力模型仍有待于今后进一步深入研究。

参考文献

[1] 卢恺，韩宝明，鲁放 . 2013 年中国城市轨道交通运营线路统计与分析 [J]. 都市快轨交通，2014，27 (1)：1－3.

[2] 中国城市轨道交通年度报告课题组 . 中国城市轨道交通年度报告（2014）[M]. 北京：北京交通大学出版社，2014.

[3] Metro Bits. World Metro Database [DB/OL]. http：//mic-ro. com/metro/table. html.

[4] 沈景炎 . 客流强度与城市轨道交通线网的合理规模 [J]. 城市轨道交通研究，2009，12 (7)：2.

[5] 钱堃，毛保华 . 城市轨道交通客流强度及其基本特征分析 [J]. 综合运输，2014，36 (1)：66－69.

[6] 北京市轨道交通指挥中心 . DB11/T 814－2011 城市轨道交通路网运营指标体系 [S]. 北京：中国标准出版社，2011.

[7] 北京交通发展研究中心 . 北京交通发展报告（2014）[DB/OL]. http：//www. bjtrc. org. cn/Infocenter/News Attach/2014 年北京市交通发展年度报告 . pdf.

[8] Newman P W，Kenworthy J R. Gasoline Consumption and Cities：a Comparison of Us Cities with a Global Survey [J]. Journal of the American Planning Association，1989，55 (1)：24－37.

[9] Southworth F A. Technical Review of Urban Land Use-transportation Models as Tools for Evaluating Vehicle Travel Reduction Strategies [J]. Office of Scientific Technical Information Technical Reports，1995，10 (6)：21－27.

[10] Susan E Brody. Land-use Planning and Transport Planning [J]. Urban Planning Overseas，1996，2 (2)：2－10.

[11] Ducruet C，Lugo I. Structure and Dynamics of Transportation Networks：Models [C] //The Sage Handbook of Transport Studies. London：Sage，2013：347－364.

[12] Verbit G P. The Urban Transportation Problem [J]. University of Pennsylvania Law Review，1975 (1)：368－489.

[13] Messenger T，Ewing R. Transit-oriented Development in the Sun Belt [J]. Transportation Research Record：Journal of the Transportation Research Board，1996，1552 (1)：145－153.

[14] Qin F，Jia H. Modeling Optimal Fare and Service Provisions for a Crowded Rail Transit Line [J]. Journal of Transportation Systems Engineering and Information Technology，2013，13 (2)：69－80.

[15] Bento A M，Cropper M L，Mobarak A M，et al. The Impact of Urban Spatial Structure on Travel Demand in the United States [C] //World Bank Policy Research Working Paper. Washington D. C.：World Bank，2003：3007－3061.

[16] Grava S Urban Transportation Systems. Choices for Communities [M]. New York：Ibt Global，2003.

[17] Assis W O，Milani B E. Generation of Optimal Schedules for Metro Lines Using Model Predictive Control [J]. Automatica，2004，40 (8)：1397－1404.

[18] Castelli L，Pesenti R，Ukovich W. Scheduling Multimodal Transportation Systems [J]. European Journal of Operational Research，2004，155 (3)：603－615.

[19] Lim Y，Kim H，Limanond T，et al. Passenger Transfer Time in the Seoul Metropolitan Intermodal System：Can Smart-card Data Assist in Evaluating and Improving the Transit System? [J]. Ite Journal，2013，83 (7)：33－37.

[20] 沈景炎．城市轨道交通线网规划与客流预测 [J]. 都市快轨交通，2007 (1)：2－6.

[21] 沈景炎．关于城市轨道交通线路长度的研究和讨论 [J]. 都市快轨交通，2008，21 (4)：5－9.

[22] 沈景炎．线路客流预测分析与运营组织设计 [J]. 都市快轨交通，2007，20 (3)：3－7.

[23] 沈景炎．城市轨道交通线网总体规划的研究 [C] //中国城市轨道交通规划、建设及设备国产化论坛论文集．北京：中国建筑工业出版社，2003.

[24] 杨涛．城市化进程中的南京交通发展战略与规划 [J]. 现代城市研究，2003 (1)：50－55.

[25] 吴娇蓉，汪煜，刘莹．城市轨道交通各发展阶段的运行特征及在公交系统中的作用 [J]. 城市轨道交通研究，2007，10 (6)：9－11，59.

[26] 欧阳长城．城市轨道交通线网发展特征分析 [J]. 城市轨道交通研究，2010，13 (1)：7－11，21.

[27] 陈必壮．轨道交通网络规划与客流分析 [M]. 北京：中国建筑工业出版社，2009.

[28] 王媛媛，陆化普．基于可持续发展的土地利用与交通结构组合模型 [J]. 清华大学学报（自然科学版），2004，44 (9)：1240－1243.

[29] 王炜，杨新苗，陈学武．城市公共交通系统 [M]. 北京：科学出版社，2002.

[30] 邓毛颖，谢理，林小华．广州市居民出行特征分析及交通发展的对策 [J]. 热带地理，2000，20 (1)：32－37.

[31] 毛蒋兴，闫小培．基于城市土地利用模式与交通模式互动机制的大城市可持续交通模式选择 [J]. 城市规划，2005，20 (3)：107.

[32] 刘爽．基于系统动力学的大城市交通结构演变机理及实证研究 [D]. 北京：北京交通大学，2009.

[33] 方蕾，庞志显．城市轨道交通客流与行车组织分析 [J]. 城市轨道交通研究，2004，7 (5)：42－44.

[34] 易婷，陈小鸿，张勇平，等．上海市地铁站点客流换乘特征分析 [J]. 忻州师范学院学报，2004，20 (2)：108－112.

[35] 黄建中．特大城市用地发展与客运交通模式［M］．北京：中国建筑工业出版社，2006：84.

[36] 庞志显，邹哲，方蕾，等．试论中国都市圈发展轨道交通的必要性［J］．城市，2003（5）：44－45.

[37] 蒋涛．启发式公交网络设计方法［D］．成都：西南交通大学，2006.

[38] 郭丽丽．环放结构城市轨道交通运输组织相关问题研究［D］．成都：西南交通大学，2007.

[39] 吴娇蓉，毕艳祥，傅博峰．基于郊区轨道交通站点分类的客流特征和换乘系统优先级分析［J］．城市轨道交通研究，2007，10（11）：23－28.

[40] 沈景炎．车站站台乘降区宽度的简易计算［J］．都市快轨交通，2008，21（5）：9－12.

[41] 沈景炎．关于车辆定员与拥挤度的探析［J］．都市快轨交通，2007，21（5）：14－18.

[42] 陈秀昌．广州地铁客流预测模型研究［J］．中国高新技术企业，2008（16）：3－4.

[43] 王修志，宋建业．断面客流不均衡条件下的地铁行车组织方法［J］．铁道运营技术，2009，15（1）：16－19.

[44] 张朝峰，张秀媛．地铁末端周边区域通勤客流分布和出行方式选择［J］．都市快轨交通，2009，22（4）：26－29.

[45] 马彦祥，刘军，马敏书，等．基于原子激发能级的铁路客流短期预测的研究［J］．铁道运输与经济，2009，31（9）：72－75.

[46] 李晓俊，吕晓艳，刘军．基于径向基神经网络的铁路短期客流预测［J］．铁道运输与经济，2011，33（6）：86－89.

[47] Domencich T A，Kraft G，Valette J. Estimation of Urban Passenger Travel Behavior：an Economic Demand Model［J］．Highway Research Record，1968（1）：65－78.

[48] Domencich T A，Mcfadden D. Urban Travel Demand-a Behavioral Analysis［J］．Canadian Journal of Ecnomics，1975，10（4）：8.

[49] Shmueli D, Salomon I, Shefer D. Neural Network Analysis of Travel Behavior: Evaluating Tools for Prediction [J]. Transportation Research Part C: Emerging Technologies, 1996, 4 (3): 151-166.

[50] Beck N, Katz J N, Tucker R. Taking Time Seriously: Time-series-cross-section Analysis with a Binary Dependent Variable [J]. American Journal of Political Science, 1998 (4): 1260-1288.

[51] Ivanova O A. Note on the Consistent Aggregation of Nested Logit Demand Functions [J]. Transportation Research Part B: Methodological, 2005, 39 (10): 890-895.

[52] Tong C, Wong S A. Predictive Dynamic Traffic Assignment Model in Congested Capacity-constrained Road Networks [J]. Transportation Research Part B: Methodological, 2000, 34 (8): 625-644.

[53] Zhao X, Yang J. Research on the Bi-level Programming Model for Ticket Fare Pricing of Urban Rail Transit Based on Particle Swarm Optimization Algorithm [J]. Procedia-social and Behavioral Sciences, 2013 (96): 633-642.

[54] Jiang C, Wu L, Xu F, et al. Characteristics and Reliability Analysis of the Complex Network in Guangzhou Rail Transit [J]. Intelligent Automation & Soft Computing, 2013, 19 (2): 217-225.

[55] 牛惠民，陈明明，张明辉．城市轨道交通列车开行方案的优化理论及方法 [J]. 中国铁道科学，2011，32 (4)：128-133.

[56] 要甲，史峰，周钊，等．基于出行时间预算的多模式多类用户城市交通均衡分析 [J]. 中南大学学报（自然科学版），2011，42 (11)：3 572-3 577.

[57] 石定宇．铁道概论（修订版）[M]. 成都：西南交通大学出版社，2000.

[58] 吴祥云，刘灿齐．轨道交通客流量均衡分配模型与算法 [J]. 同济大学学报（自然科学版），2004，32 (9)：1 158-1 162.

[59] 牛新奇．城市轨道交通换乘票务清分模型的研究 [D]. 上海：华东师范大学，2005.

[60] 程万斌．沪宁城际铁路客流预测研究 [D]. 成都：西南交通大学，2006.

[61] 四兵锋，毛保华，刘智丽. 无缝换乘条件下城市轨道交通网络客流分配模型及算法 [J]. 铁道学报，2008，29 (6)：12－18.

[62] 陈小峰，孔繁钰. 轨道交通与长三角经济社会可持续发展问题探讨及对策研究 [J]. 轨道交通，2007 (6)：70－73.

[63] 李明，王海霞. 轨道交通车站客流预测模型研究 [J]. 铁道工程学报，2009 (3)：67－72.

[64] 赵峰，张星臣，刘智丽. 城市轨道交通系统运费清分方法研究 [J]. 交通运输系统工程与信息，2007，7 (6)：85－90.

[65] 毛保华. 城市轨道交通系统运营管理 [M]. 北京：人民交通出版社，2006.

[66] 赵烈秋，孔繁钰. 基于 GA 的城市轨道交通客流分配问题 [J]. 后勤工程学院学报，2008，24 (2)：106－110.

[67] Wu K，Mao B，Wang Y，et al. Intercity Rail Transport Pricing Strategy Based on Efficacy Coefficient Method [J]. Journal of Transportation Systems Engineering and Information Technology，2013，13 (3)：105－110.

[68] Wu K Sun Q，Feng X. Intercity Rail Transit Pricing Method to Optimizing Comprehensive Transportation Travel Efficiency [C] //Digital Manufacturing and Automation (icdma)，Beijing：2013 Fourth International Conference on IEEE，2013：717－720.

[69] 徐瑞华，罗钦，高鹏. 基于多路径的城市轨道交通网络客流分布模型及算法研究 [J]. 铁道学报，2009，31 (2)：110－114.

[70] Meyer J R，Kain J F，Wohl M. Urban Transportation Problem [J]. Harvard University Press，1966 (19)：352－364.

[71] Bates Jr，Edward G A. Study of Passenger Transfer Facilities(abridgment) [J]. Transportation Research Record，1978，(662)：23－25.

[72] Dickins I S. Park and Ride Facilities on Light Rail Transit Systems [J]. Transportation，1991，18 (1)：23－36.

[73] Chien I J. Optimization of Coordinated Intermodal Transit Networks [D].

Maryland: University of Maryland at College Park, 1995.

[74] Chien S, Schonfeld P. Joint Optimization of a Rail Transit Line and Its Feeder Bus System [J]. Journal of Advanced Transportation, 1998, 32 (3): 253-284.

[75] 加藤晃，竹内传史．城市交通和城市规划 [Z]. 南昌：江西省城市规划研究所，1998.

[76] He J, Liu R, Chen Y. Los Theory and Evaluate Method to Urban Comprehensive Passenger Transport Hub [C] //International Conference on Transportation Engineering 2009, Chengdu: ASCE, 2009: 4043-4048.

[77] Guo Z, Wilson N H. Assessing the Cost of Transfer Inconvenience in Public Transport Systems: a Case Study of the London Underground [J]. Transportation Research Part A: Policy and Practice, 2011, 45 (2): 91-104.

[78] Aoki M. Railway Operators in Japan 4, Central Tokyo [J]. Japan Railway & Transport Review, 2002 (30): 42-53.

[79] Lee J Y, Lam W H. Levels of Service for Stairway in Hong Kong Underground Stations [J]. Journal of Transportation Engineering, 2003, 129 (2): 196-202.

[80] 蒋永康．城市轨道交通换乘方式探讨 [J]. 城市轨道交通研究，2000，3 (3)：45-48.

[81] 胡凯山，裘红玫，梁伟聪．双层岛式同站台换乘车站 [J]. 铁道建筑，2005 (9)：47-49.

[82] 全永燊，李凤军，黄伟，等．关于城市交通和城市用地相互关系的讨论 [J]. 城市交通，2006，4 (4)：32-34.

[83] 毛保华，刘明君，黄荣，等．城市轨道交通网络化运营组织理论与关键技术 [M]. 北京：科学出版社，2011.

[84] 蒋玉琨．城市轨道交通线网形态对换乘便捷性的影响 [J]. 中国铁道科学，2010，31 (2)：126-130.

[85] 李世雄．上海轨道交通线网的换乘 [J]. 城市轨道交通研究，2004，7 (3)：66-69.

[86] 梁广深．同站台换乘车站方案研究［J］．城市轨道交通研究，2006，8（5）：11－14.

[87] 王建聪．城市客运枢纽换乘组织关键问题研究［D］．北京：北京交通大学，2007.

[88] 白雁，韩宝明，干宇雷．城市轨道交通换乘站布局综合评价方法研究［J］．都市快轨交通，2006，19（3）：30－33.

[89] 徐瑞华，李侠，陈菁菁．市域快速轨道交通线路列车运行交路研究［J］．城市轨道交通研究，2006（5）：36－39.

[90] 徐瑞华，陈菁菁，杜世敏．城轨交通多种列车交路模式下的通过能力和车底运用研究［J］．铁道学报，2005（4）：6－10.

[91] 刘丽波，叶霞飞，顾保南．上海市域快速轨道交通的线路运行模式［J］．同济大学学报（自然科学版），2007，35（10）：1358－1362.

[92] 王波，安栓庄，李晓霞．城市轨道交通换乘设施的评价方法［J］．都市快轨交通，2007，20（4）：40－43.

[93] 李凤玲．城市轨道交通枢纽换乘方案的优选［J］．城市轨道交通研究，2007，10（1）：14－17.

[94] 马嘉琪，白雁，齐茂利．基于微观仿真的同站台换乘站客流疏散研究［J］．中国安全科学学报，2009，19（11）：172－176.

[95] 张铱莹，彭其渊．综合运输旅客换乘网络优化模型［J］．西南交通大学学报，2009，44（4）：517－522.

[96] 明瑞利，叶霞飞．东京地铁与郊区铁路直通运营的相关问题研究［J］．城市轨道交通研究，2009，12（1）：21－25.

[97] Ellis R H，Bennett J C，Rassam P R. Approaches for Improving Airport Access［J］．Journal of Transportation Engineering，1974，100（3）：661－673.

[98] Gosling G D. Airport Ground Access Mode Choice Models［R］．Berkeley：University of California，2008.

[99] Harvey G. Models of Airport Access and Airport Choice for the San Francisco Bay Region［R］．Berkeley：University of California，2002.

[100] Lythgoe W, Wardman M. Demand for Rail Travel to and From Airports [J]. Transportation, 2002, 29 (2): 125-143.

[101] Tam M L, Tam M L, Lam W H. Analysis of Airport Access Mode Choice: a Case Study in Hong Kong [J]. Journal of the Eastern Asia Society for Transportation Studies, 2005, 6 (2): 708-723.

[102] Yamashita Y, Takahira T, Hibino N, et al. A Measurement of Additional Effects of a Narita Airport Access Train [C] //Proceedings of the Eastern Asia Society for Transportation Studies. Basel: Springer, 2005: 218-227.

[103] Chew C H. Integrated Bus/rail Station [J]. Applied Acoustics, 1999, 56 (1): 57-66.

[104] Wang J, Chen S, He Y, et al. Simulation of Transfer Organization of Urban Public Transportation Hubs [J]. Journal of Transportation Systems Engineering and Information Technology, 2006, 6 (6): 96-102.

[105] 吴晓，周一鸣，刘小明．枢纽机场衔接公路网优化理论与方法研究 [J]. 公路交通科技，2009，26 (5): 123-126.

[106] 陈欣，范东涛，过秀成．轨道交通在机场地面集疏运体系中的应用 [J]. 都市快轨交通，2010，23 (4): 23-26.

[107] 袁建．上海浦东国际机场集疏运交通方式选择行为分析 [J]. 公路交通科技，2011，28 (3): 118-124.

[108] 熊思敏，李开国．机场集疏远系统规划研究 [J]. 交通标准化，2013 (21): 46-51.

[109] 吴小萍，陈秀方．可持续发展战略指导下的轨道交通规划与评价方法研究 [J]. 中国铁道科学，2004，25 (1): 139-140.

[110] 陈幼林，杨扬，杨春兰．轨道交通系统换乘枢纽形式选择的定量化研究 [J]. 交通科技与经济，2005 (3): 56-57.

[111] 周伟，姜彩良．城市交通枢纽旅客换乘问题研究 [J]. 交通运输系统工程与信息，2005 (5): 27-34.

[112] 黄文娟．城市轨道交通与常规公交换乘协调研究 [J]. 华东公路，2008

(4)：88－90.
[113] 潘东来．城市轨道交通枢纽交通衔接研究［D］．武汉：华中科技大学，2005.
[114] 郑荣洲．城市轨道交通与铁路车站的衔接方式探讨［J］．城市轨道交通研究，2006，19（10）：40－42.
[115] 邱志明，周晓勤．城市轨道交通系统规划与建设［M］．北京：北京交通大学出版社，2006.
[116] 陈大伟．大城市对外客运枢纽规划与设计理论研究［D］．南京：东南大学，2006.
[117] 张海波．铁路运输与城市轨道交通的换乘研究［D］．成都：西南交通大学，2007.
[118] 王威．新成都站空间功能与客运组织［D］．成都：西南交通大学，2008.
[119] 杨永平，边颜东，周晓勤，等．我国城市轨道交通存在的主要问题及发展对策［J］．城市轨道交通研究，2013，16（10）：1－6.
[120] London T F. Anual Report 2012 for TFL［M］．London：Transport for London，2012.
[121] Paris M D. Lu Performance Data Almanac 2012［M］．Paris：Communiqué De Presse，2012.
[122] Metro M. Moscow Metro Anual Report：2011［M］．Moscow：Moscow Metro，2012.
[123] 东京都总务部统计局．东京都统计年鉴：2012［M］．东京：东京都总务部统计局，2012.
[124] 北京市统计局．北京统计年鉴：2013［M］．北京：中国统计出版社，2013.
[125] 广州市统计局．广州统计年鉴：2013［M］．北京：中国统计出版社，2013.
[126] 上海市统计局．上海统计年鉴：2013［M］．北京：中国统计出版社，2013.
[127] 郭平．城市轨道交通客流特征及预测相关问题［J］．城市轨道交通研究，2010，13（1）：58－62.
[128] 邓聚龙．灰理论基础［M］．武汉：华中科技大学出版社，2002.

[129] 冯佳，许奇，冯旭杰，等．基于灰色关联度的轨道交通能耗影响因素分析［J］．交通运输系统工程与信息，2011，11（1）：142－146.

[130] 毛保华，郭继孚，陈金川，等．北京城市交通发展的历史思考［J］．交通运输系统工程与信息，2008，8（3）：6－13.

[131] 潘晓军．北京地铁1号线运输能力挖掘研究［J］．交通运输系统工程与信息，2013，13（4）：200－204.

[132] Hibino N，Uchiyama H，Yamashita Y. A Study on Evaluation of Level of Railway Services in Tokyo Metropolitan Area Based on Railway Network Assignment Analysis ［J］．Journal of the Eastern Asia Society for Transportation Studies，2005（6）：342－355.

[133] Sun Y，Xu R. Rail Transit Travel Time Reliability and Estimation of Passenger Route Choice Behavior ［J］．Transportation Research Record：Journal of the Transportation Research Board，2012，2275（1）：58－67.

[134] 刘剑锋．基于换乘的城市轨道交通网络流量分配建模及其实证研究［D］．北京：北京交通大学，2012.

[135] 何宇强，张好智，毛保华，等．客运专线旅客列车开行方案的多目标双层规划模型［J］．铁道学报，2006，28（5）：6－10.

[136] 北京市交通委员会．北京市第四次交通综合调查报告［R］．北京，2012.

[137] 张永生，姚恩建，代洪娜．成网条件下地铁换乘量预测方法研究［J］．铁道学报，2013，35（11）：1－6.

[138] 覃煜，晏克非．轨道交通枢纽换乘效率DEA非均一评价模型［J］．长安大学学报（自然科学版），2002，22（4）：48－51.

[139] 王正武，罗大庸，黄中祥，等．不确定性条件下的多目标多路径选择［J］．系统工程学报，2009，24（3）：355－359.

[140] 林湛，蒋明青，刘剑锋，等．城市轨道交通客流分配的改进Logit模型及方法［J］．交通运输系统工程与信息，2012，12（6）：145－151.

[141] 刘剑锋，孙福亮，柏赟，等．城市轨道交通乘客路径选择模型及算法［J］．交通运输系统工程与信息，2009，9（2）：81－86.

[142] Cascetta E, Papola A. Dominance Among Alternatives in Random Utility Models [J]. Transportation Research Part A: Policy and Practice, 2009, 43 (2): 170-179.

[143] 毛保华，曾会欣，袁振洲. 交通规划模型及其应用 [M]. 北京：中国铁道出版社，1999.

[144] 关宏志. 非集计模型—交通行为分析的工具 [M]. 北京：人民交通出版社，2004.

[145] Ben-akiva M E, Lerman S R. Discrete Choice Analysis: Theory and Application to Travel Demand [M]. Californian: Mit Press, 1985.

[146] Train K E. Discrete Choice Methods with Simulation [M]. London: Cambridge University Press, 2009.

[147] Kornerup P, Muller J. Choosing Starting Values for Certain Newton-raphson Iterations [J]. Theoretical Computer Science, 2006, 351 (1): 101-110.

[148] 宗芳，隽志才，张慧永，等. 出行时间价值计算及应用研究 [J]. 交通运输系统工程与信息，2009，9 (3)：114-119.

附　录

国内外城市环状道路内轨道交通里程

表 1　北京市环状道路内轨道交通覆盖情况

环状道路	环路覆盖面积/km^2	环路内轨道交通里程/km	环路内轨道交通密度/（km/km^2）
二环路	62.4	57.3	0.9
三环路	159.1	112.8	0.7
四环路	302.5	196.1	0.6
五环路	667.3	239.5	0.4
市区	1 085.0	465.0	0.4

注：数据来源于文献[120—126]、Keyhole Database.

表 2　上海市环状道路内轨道交通覆盖情况

环状道路	环路覆盖面积/km^2	环路内轨道交通里程/km	环路内轨道交通密度/（km/km^2）
轨道交通环线（4 号线）	60.7	131.5	2.2
内环路	120.3	157.8	1.3
中环路	390.7	251.5	0.6

续　表

环状道路	环路覆盖面积/km^2	环路内轨道交通里程/km	环路内轨道交通密度/（km/km^2）
外环高速	620.5	343.4	0.6
市区	2 643.5	548.0	0.2

注：数据来源于文献[120—126]、Keyhole Database.

表 3　广州市环状道路内轨道交通覆盖情况

环状道路	环路覆盖面积/km^2	环路内轨道交通里程/km	环路内轨道交通密度/（km/km^2）
内环路	29.2	38.3	1.3
环城高速	222.3	117.3	0.5
中心城区	549.1	152.5	0.3
市区	1 059.9	246.4	0.2

注：数据来源于文献[120—126]、Keyhole Database..

表 4　伦敦市环状道路内轨道交通覆盖情况

环状道路	环路覆盖面积/km^2	环路内轨道交通里程/km	环路内轨道交通密度/（km/km^2）
伦敦城	2.9	18.0	6.2
收费 1 区	50.0	107.5	2.2
收费 2 区	181.3	181.0	1.0
南北环状道路	384.8	348.5	0.9
市区	1 572.0	478.0	0.3

注：数据来源于文献[120—126]、Keyhole Database.

表 5　巴黎市环状道路内轨道交通覆盖情况

环状道路	环路覆盖面积/km^2	环路内轨道交通里程/km	环路内轨道交通密度/（km/km^2）
南北组合环线	34.7	124.4	3.6
环城大道	105.0	174.6	1.7
A86 环城高速	382.2	184.9	0.5
市区	2 844.8	213.8	0.1

注：数据来源于文献[120—126]、Keyhole Database.

表 6　莫斯科市环状道路内轨道交通覆盖情况

环状道路	环路覆盖面积/km^2	环路内轨道交通里程/km	环路内轨道交通密度/（km/km^2）
花园环路（二环）	18.5	44.1	2.4
地铁环线	26.9	65.6	2.4
环线公路（三环）	84.5	108.2	1.3
环城公路（四环）	284.5	182.6	0.6
环城公路（高速）	862.2	296.7	0.3
市区	1 081.0	305.8	0.3

注：数据来源于文献[120—126]、Keyhole Database.

表 7　东京市环状道路内轨道交通覆盖情况

环状道路	环路覆盖面积/km^2	环路内轨道交通里程/km	环路内轨道交通密度/（km/km^2）
山手线	34.8	143.1	4.1
环线高速	148.7	232.9	1.6
东京都区部	621.8	302.7	0.5

注：数据来源于文献[120—126]、Keyhole Database.